Au four et au moulin

Eloïse Larchet

Au four et au moulin

Carnet de bord d'une mère de famille débordée

ARTÈGE

Illustrations d'Anne-Charlotte Larroque,
à partir d'idées originales d'Eloïse Larchet

Éditions Artège
10, rue Mercœur - 75011 Paris
9, espace Méditerranée - 66000 Perpignan

www.editionsartege.fr

ISBN : 979-10-336-0585-0
EAN Epub : 9791033609117

À ma mère qui ne m'a rien dit,
À ma sœur qui m'a bien prévenue,
À ma sœur qui m'a bien soutenue,
À ma dernière sœur en guise d'avertissement,
À mon frère pour ne pas faire de jaloux,
À Sophie, pour son exemple,
Et à Marguerite surtout,
À la santé de son quatrième
Et à notre couvade commune.

Mais aussi à Isabelle la grande et belle,
À Anne la tendre, Amélie, Sylvie, Lydie, Murielle et
l'autre Sophie que j'admire.

À Béatrice depuis toujours,
À la formidable Annabelle,
À Yvelyne, Caroline, Hélène, Sylvaine…
À Claire, ses fous rires, et son bon sens,
À Aude et à nos presque jumeaux,
À Cécile, merci pour la cordée !

À Claire, Tatix, Calouche et Doudouche,
mes tantes épatantes et
leur trentaine d'enfants cousins.

À Pétronille qui doit beaucoup moins s'en faire.
Forcément, avec 120 petits…

Elle est toute petite, douce et chaude contre moi et je pourrais la contempler des heures.

Ma petite quatrième est là, déjà complètement elle, à peine sortie de moi. L'émerveillement est toujours le même au fil des naissances.

Ce petit bout de demoiselle m'intronise donc solennellement multipare multirécidiviste, sans sembler en éprouver le moindre remords. Sur ce chemin engagé de la maternité, elle me donne envie de raconter ce morceau de route avec elle, tantôt voyage, tantôt vacances, tantôt pèlerinage.

Du printemps, à l'aube de son arrivée, jusqu'à l'hiver suivant, voici une petite année d'émotions partagées.

PRINTEMPS

Je commence ce printemps comme un bouton de rose, enceinte et encore fraîche comme la rosée. Charmante promesse saluée par tous, y compris les inconnus, les malades et surtout les mamies. Ils sont délicieux, me laissent leur place dans le tram. Me regardent la tête penchée, le sourire complice.

Je pourrais me sentir extraordinaire, unique, adulée, champ magnétique d'amour, invincible. Mais ça, c'était le joli mensonge de ma première grossesse… Aujourd'hui, je vais chercher mes trois autres enfants à l'école et je sais de quoi sera fait le trajet du retour. Quand je monterai dans ce même tram avec mes trois petits, 2, 4 et 6 ans, les regards seront tout autres. Réprobation du vieux monsieur à droite. Je décrypte : « Quoi ! Elle en a déjà trois et elle en fait un quatrième ! Creuse la dette sociale, cette inconsciente. » Dédain de la cinquantenaire super bien léchée à gauche : « C'est petit, c'est gluant, ça sent pas bon et elle nous les inflige… » Jeune homme qui ne m'aidera pas à me faufiler avec ma poussette. Chacun ses problèmes… Il y a ceux aussi dont le regard fuit et que je respecte.

Dans le tram, il y a des flux positifs et des flux négatifs. Je pense que ceux qui ont perdu un jour leur travail ont aussi ressenti cela, plus subtilement.

Mais pour l'instant, je suis seule, je suis ronde et tout le monde est attendri. Alors j'en profite !

Tu es en cocon
Tout au fond de moi
Souriant, j'imagine,
Les yeux fermés

Mes deux mains sur toi
Pour te protéger
Te caressent et t'élancent
Dans ton envol

En grenouille immobile
Astronaute modèle
Tu dessines en mon sein
Un espace éternel

« Comment ils naissent, les bébés? »

Bien entendu, la question tombe en pleine heure de pointe alors que vous êtes tous en voiture, vous au volant et papa autre part.

À Noël dernier, mon aîné de 6 ans a expliqué à sa petite sœur de 4 ans que le Père Noël, en fait c'était les parents, et elle s'est esclaffée que c'était impossible car nous n'avions pas de barbe blanche. Inutile donc de leur faire le coup de la cigogne, nous n'avons pas plus de bec qu'elles n'ont de gros ventre.

Alors, je sors mon stock de périphrases romantiques et aériennes, mais l'ennemi me cerne…

Les cartes tombent peu à peu sur quelques kilomètres : « Donc, il s'agit d'une petite porte entre les jambes qui s'ouvrira quand le bébé sera prêt. » Malicieuse et curieuse, ma demoiselle de 4 ans me demande si je peux la lui montrer. À son âge, son frère, me considérant en plein travail de la troisième, assise sur le bord de mon lit à me tenir le dos en attendant que mari et grand-mère accourent, avait simplement conclu : « Maintenant, tu ne peux pas rester à la maison ou sinon, le bébé va tomber du lit. »

Une seconde de silence, enfin, dans la voiture. Les réponses ont semblé convenir… Mais la torpeur n'en était pas une et le fond du problème est atteint avec la question fatale : « Ça fait pas un peu mal quand la porte s'ouvre ? » Où donc sont-ils allés chercher des choses pareilles ?

Enfin, pour en arriver à de telles inquiétudes, ma fille a évolué depuis la semaine dernière. Alors que je lui expliquais que nous partirions un jour pour la maternité pour que le bébé arrive, elle m'avait répondu d'un air de me trouver bien compliquée : « P't-être que le bébé il arrivera comme ça, dans ton lit ! » C'était l'époque révolue du règne de mon amie qui a accouché comme ça, sur son canapé, incidemment. Fin de règne.

À seulement 4 ans, le rêve commence à se briser…

Annonce

Les premières semaines de son existence ont été sous le signe de l'annonce. Point d'anges ou de songes, de prémonitions ou de lignes lues en secret dans le creux de la main. Non. Les premiers signes d'une grossesse sont rarement romantiques…

Des nausées au test urinaire, de la fatigue au retard de règles, tous ces signes, guettés avec impatience, surprise ou horreur selon les circonstances, sont particulièrement peu sympathiques. Sans parler de ce mot, « grossesse », qui annonce la suite sans équivoque. La prise de sang reste un *must* : on vous offre une jolie courbe d'HCG, celle-là même qui va sûrement vous rendre crevée et malade. Reste à comprendre que s'il y a une courbe et le mot « positif » quelque part, vous êtes bien enceinte et pas diabétique ou trop pleine de cholestérol.

Mais quand même, le premier prix revient au test pipi, avec ses deux barres magiques, et que l'on exhibe même avec fierté sous les yeux du futur papa qui est prié de ne pas trop penser au révélateur. Et puis de comprendre ces espèces de barres qui lui semblent énigmatiques… Avec un peu d'imagination, on pourrait imaginer qu'un bébé apparaisse. Ou qu'on choisisse un test selon qu'on souhaite ou pas qu'il soit positif. Il ferait « ouf » ou « *try again* » s'il est négatif, et « Mince » ou « Hourra » s'il est positif.

Ou alors, rêvons même qu'il déclenche une musique en adéquation avec la situation... Bref, un peu de romantisme dans tout cela !

Après un temps mystérieux à digérer et savourer le secret, à cacher avec superstition la bonne nouvelle, à compter jusqu'à trois en croisant les doigts, vient le temps de l'annonce à l'entourage.

La fratrie, invariablement, se réjouit.

« J'aime bien les bébés, ça a les mains toutes douces. »

« Maman, le bébé, il est dans ton ventre, hein ! Et après il sera dans ta joue ! » Et de gonfler sa joue gauche : « Et après dans ta bouche ! » Et de faire le hamster. « Pfuittt ! » Voilà le bébé craché sur la table avec délectation...

Précis : « Moi, je veux pas un bébé, je veux un petit frère. » On a donc 6 mois pour le préparer à une mauvaise, voire très mauvaise surprise...

Ou avec un grand sourire étonné : « Mais maman, on est déjà beaucoup ! Pourquoi t'en as encore ? »

Ça commence ! Dans sa bouche, c'est ravissant, mais dans d'autres, ce le sera moins...

Armons-nous donc pour l'annoncer aux autres.

À ma mère, qui en a eu cinq, pas la peine de prévoir d'excuses.

À ma belle-mère, laisser faire mon mari.

À ma belle-sœur, attendre encore un peu en croisant les doigts pour qu'elle annonce son premier.

À ma sœur qui me répète régulièrement de m'arrêter à trois : « Finalement... »

À ma petite sœur : « Tu le sauras avant maman... »

Aux féministes : « J'ai gagné neuf mois sans contraception. »

À ma grand-mère : « Vous allez être contente... »

À ma meilleure amie : « Tu sais quoi ? » et ça suffira.

À ma meilleure copine : « Tu vas encore rigoler. »

À ma gynéco : « J'ai compris que pour éviter les 6 mois d'attente avec vous… »

À la CAF et à la CPAM, avant 14 semaines.

THÉ

Délice

Comme se plaît à dire ma grand-mère, elle est de la génération perdante. Perdante car elle aime les blancs de poulet, mets réservés aux adultes dans son enfance, puis aux enfants quand elle atteint l'âge adulte. Perdante car elle n'eut qu'un droit à table, qui fut celui de se taire, quoiqu'on parlât de le lui retirer. Et qu'elle doit maintenant s'infliger sa horde volubile de petits enfants exprimer ses ressentis, partager ses expériences, bref, monopoliser le temps de parole. Génération perdante surtout, puisque perdue entre celle qui avait encore des domestiques et celle qui bénéficierait enfin de l'électroménager. Déjà sans lavandière et encore sans Vedette, je pense à elle en mettant ma machine à laver en marche et ce petit geste simple devient presque un mémorial jubilatoire de son époque révolue. Alors quand je décide de ne rien faire, je mets d'abord une machine en route et d'une simple pression, sans avoir à me baisser avec mon gros ventre, je lance mon esclave électronique et profite encore mieux de cette pause puisqu'elle n'est pas vaine. Le doux ronron de l'appareil donne à mon thé le goût sans pareil de l'oisiveté rentable, plaisir d'autant plus pur qu'il ne trouble pas le repos d'une autre.

Pour un bébé né trop tôt

Il aurait dû naître en même temps que toi. Et puis les SMS de son mari m'ont annoncé la terrible nouvelle. Inquiétude… Incompréhension… Évidence… Et je les entends pleurer leur enfant perdu, dans les larmes secrètes de ceux qui sont seuls à souffrir. Tellement…

Tu es partie si tôt
Tu étais si belle
Tu es partie trop tôt,
En chrysalide

Tu nous laisses orphelins,
Abandonnés,
Volés de ta présence,
Privés de notre histoire

Comme un papillon
Fragile sur mon doigt,
Tu t'es envolée
Malgré moi

Et ta présence,
Battement d'aile,
Laisse une essence
Éternelle

Neuf mois...

J'essaie de ne pas compter les trois premiers mois. Par superstition ? Pour laisser le temps à bébé de me choisir ? Par jeu ? Il faut avouer aussi que c'est bien difficile de compter... Comment compter ? En semaines ? En mois ? En mois en cours ? En mois passés ? Si j'en suis à la moitié de mon troisième mois, c'est que je suis à deux mois et demi, donc dix semaines, mais qu'en fait, bébé n'existe que depuis huit semaines... Tout le monde suit ? Aménorrhée quand tu nous tiens... Et puis sincèrement, 41 semaines, c'est dix mois, pas neuf ? Nous mentirait-on ? Ah non ! Il suffit de compter 39 pour se rapprocher de neuf mois...

Bref, je sais toujours quand on est à trois mois, même si je ne comprends rien. Et c'est la même sensation que d'ouvrir les yeux après un petit tunnel : voilà, bébé est lancé ! Il a passé son premier cap !

Toujours une tête dans le sable, je compte alors, jusqu'à 24. Puis, toutes têtes dehors, jusqu'à 28, 32 et 36, sans plus trembler pour mon bébé : j'ai confiance en lui.

Ensuite, je ne compte plus vraiment, assurée d'entrer en impatience à peu près une semaine avant d'entrer en travail. Mais j'ai déjà eu, à quelques pas du grand saut, l'angoissante impression que la naissance était annulée. L'échéance arrivée, un médecin me déclarait : « Voilà madame, dans votre cas, il n'y aura pas de naissance, le bébé va se résorber tout seul, en neuf mois, avec beaucoup de patience et d'amour. » Un seul cauchemar de la sorte suffit à sécréter exactement le taux d'hormones nécessaires pour déclencher des contractions efficaces…

Et pour finir, il y a toujours cette période mystérieuse pendant laquelle tout peut basculer en quelques heures. Vous pouvez discuter tranquillement avec une copine au téléphone de tout et de rien et la rappeler quelques heures plus tard pour lui annoncer la nouvelle. Lorsque le bruit se répandra, il y aura les exclamations dubitatives : « Mais pourtant, je l'ai eue au téléphone ce matin ! », les incrédules : « Pas possible, je l'ai vue hier », et aussi les optimistes : « Hé bé, c'est allé bien vite ! » De leur point de vue, certainement… Vous pouvez déposer vos enfants à l'école et que papa aille les rechercher pour venir admirer le nouveau venu. Vous pouvez faire vos courses et perdre les eaux, vous pouvez dénicher l'offre d'emploi de vos rêves, vous pouvez attendre et vous concentrer et qu'il ne se passe strictement rien. Vous pouvez faire le ménage de toute votre maison et les fenêtres et le jardin et qu'il ne se passe strictement rien. Vous pouvez sentir le vent d'un battement d'ailes de papillon. Vous pouvez fermer les yeux sur un monde et les ouvrir un instant plus tard sur un monde nouveau.

Prénom

Ça se corse : il faut maintenant trouver un prénom qui nous plaise à tous les deux après trois naissances, des goûts et des modes qui changent… Certains de nos amis refusent les longues soirées d'hiver à négocier : monsieur fait sa liste, cinq pour chaque sexe, et madame choisit ce qu'elle préfère. D'autres changent d'avis toutes les cinq minutes et se retrouvent au point mort à la naissance. D'autres, après beaucoup d'hésitations entre Florence et Fabienne, Caroline et Charline, Brice et Bruce, Brune et Blandine, se trompent au moment de la déclaration à l'état civil… D'autres, après un choix minutieux, se rendent compte que leur bébé n'a pas du tout la tête d'un Charles ou d'une Aurélie et que tout est à refaire. En cas de prise de tête, voilà quelques petits jeux distrayants :

- Chercher de nouveaux noms de médicaments : Crânox pour l'aspirine, Patoux ou Crachox pour les sirops contre la toux, Rouleopax contre le mal des transports…
- Second jeu, moins usité : trouvez de ravissants prénoms de fille à partir de maladies infantiles. En vrac : Diavorémie, Rougerole, Angerine, Scarlettine, Varticella… Ou carrément, piochons dans les nuisibles aux patronymes ravissants : Marie-Cicadelle, Jean-Doryphore, Paul-Mildiou.

Mais bon, ça n'avance pas les affaires… Restent en désespoir de cause les copines, les tirages au sort sur Internet ou même les frères et sœurs. Là, vous êtes sûrs d'obtenir en cinq minutes les prénoms des meilleurs copains et copines d'école.

Et peut-être que votre bébé n'aura pas la tête du prénom prévu, peut-être que c'est après sa déclaration à l'état civil que vous vous souviendrez du prénom formidable que vous vous étiez juré de retenir, ou qu'émergera une starlette nommée comme votre enfant, dont le succès éphémère suffira cependant à rappeler ce si joli prénom à la mémoire de 50 % des parents de petites filles de sa génération.

Brainstorming

« Allez ! Viens mon chéri. On regarde un peu les prénoms.

– Mais chérie, il ne fait pas encore deux centimètres ! C'est un peu prématuré, non ?

– S'te plaît…

– Bon…

– **Aanor**

– Tu savais que ça existait ?

– **Aaron**

– Ça nous oblige à appeler le prochain Moïse.

– **Abbon**

– Ha bon, comme son nom l'indique.

– **Abby**

– Série américaine, pas question.

– **Abdel**

– Mhhhh…

– **Abdon**

– Tu l'as trouvée où ta liste ?

– Sur Internet ! **Abel** Fils d'Adam et Ève…

– T'as cliqué sur le lien ?

– Non, je le savais, c'est tout !

– Encore un truc pour étaler ta science ?

– Arrête un peu enfin, faudra bien l'appeler cet enfant, concentre-toi, mince. **Abélard** Ça j'adore, je ne sais pas pourquoi !

– Alors moi je déteste, je ne sais pas pourquoi.

– Moi je sais : t'es pas d'humeur. **Abélia Abella Abigaël** Pourquoi pas.

– Pourquoi pas, oui, mais pourquoi pas, ça suffit pas.

– **Abondance Abraham Acace**

– N'importe quoi…

– **Achille**

– Impossible… autant l'appeler « talon » direct.

– **Acmé**

– Juvénile, hahahaha.

– **Ada**

– Il pourra peut-être louer des voitures gratos ! À condition de passer son permis.

– Ho, ça va, hein, moi au moins je ne pollue pas.

– Et quand *je* te transporte, tu crois que c'est vraiment *moi* qui pollue ?

– **Adalard Adalbert Adalric**

– C'est pas un chevalier cet enfant…

– Même, c'est peut-être une fille, alors… **Adalsinde** Dérivé : Cyndie ! Si si, Cyndie a une sainte patronne abbesse !

– Non…

– **Adam**

– Avec Ève, pour des jumeaux en attendant de trouver leur pyjama.

– **Adama Adélaïde**

– Ouais, Heidi tu te souviens !

– **Adélaïs Adélard**

– Ça m'énerve ton truc, prends les Pages blanches tant que tu y es… on aura des prénoms qui *existent*.

– **Adèle**

– Fallait au moins une chanteuse pour remettre un prénom pareil à flot.

– **Adélice**

– Si j'ouvre un magasin de bouffe.

– Arrête, on cherche un prénom pour le bébé.

– Si un bébé, ça t'empêche de rigoler, ça va être drôle ces prochaines années…

– **Adélie Adelin Adelind Adeline Adelphe Adelphine Adeltrude Adémar Adénora Adine** Tu ne dis plus rien ?

– Ha, là, non, il n'y a vraiment plus rien à dire à ce stade…

– **Adolphe !!! Adon Adonis Adria Adrian Adriana Adriano Adrien Adrienne** Joli.

– Oui, joli.

– **Adriette Adula Aël Aëla Aélia Aëlig Aëlis Aelith Aëlred Aénor Afra Agapé** J'aime.

– Vraiment ? !

– Non, mais c'est ce que ça veut dire, *eros* et *agapé* !

– Ha ouais, arrête de faire la cultivée, on cherche un prénom pour le bébé.

– Ça t'intéresse maintenant ?

– J'ai envie d'avoir la paix et il reste 7 mois et 1 854 prénoms, alors avance, je crois que j'ai un faible pour Zoé ou Zacharie. »

Retard

C'est à n'y rien comprendre. Le terme est arrivé avant le bébé. Depuis trois mois que je suis archi-prudente, des semaines que je ne prends pas de rendez-vous, des jours que je reste en partance, l'événement n'a pas eu lieu. Pourtant, au quatrième, j'attendais une remise de peine, mais non, cet enfant nous fait déjà comprendre que ce sera à nous de l'attendre et pas à lui de prendre le train en route. La grossesse et l'accouchement ont des vertus très éducatives pour le métier de parents d'ailleurs. Cette histoire de prénoms montre assez qu'on ne pourra de toute façon pas tout maîtriser. On n'est pas déjà maman officiellement qu'on est déjà crevé, et la naissance a lieu n'importe quand, comme un enfant fera n'importe quoi…

Donc me voilà surveillée comme du lait sur le feu, à chercher dans ma tête quel nœud peut bien empêcher le bébé de pointer le bout de son nez. Oui, voilà, autre leçon : enfant tu auras, culpabilisée tu seras. Pas question de me laisser faire ! Après tout, s'il reste ici, c'est qu'il aime ça autant que moi ! Je prends l'air grognon de celle qui ne comprend pas, mais ce bonus de symbiose est un joli cadeau… Cela dit, les médecins s'agitent, m'expliquant avec un calme menaçant qu'un placenta n'est pas fait pour durer plus de 9 mois.

Les plans « sors de là » se multiplient : 100 bornes d'autoroute pour aller chercher des meubles énormes à choisir longuement et debout puis à charger dans la voiture. Trois heures devant l'Eurovision de la chanson à rire et à rire encore devant pareille misère. Rien ne semble bouger, sauf l'entourage. Le répondeur téléphonique et la boîte mail se remplissent d'interrogations. Je ne croise que des « Ben alors ?! »

Et surtout, surtout, les langues se délient. On me raconte à nouveau des montagnes d'histoires horribles d'accouchement, moi qui croyais que cette espèce de rite initiatique se limitait aux primipares en gestation. Je rentre sous terre, je rase les murs, j'évite la sortie d'école, mais il y a toujours une bonne âme pour me reconnaître et y aller de son chapitre. Le boucher, entreprenant, propose de me pendre deux jours à ses crochets, et assure qu'il pourra même me donner le poids désossé dans la foulée… Je m'échappe de ce cinglé vers la caisse et une dame dans la queue, impressionnée par la taille de mon ventre et à qui j'avoue être à terme, me demande des nouvelles de mon col. Stupéfaite, j'en perds le réflexe de lui demander à quand remonte son dernier frottis. J'en ai juste assez pour éluder la question… et repartir me cacher à la maison, enfiler de la lingerie Ici et maintenant, en rêvant que ce soit efficace…

En route

Merveille à chaque fois de sentir ces vagues de contractions se mettre en place. Impatience de voir enfin ce bébé. Adrénaline de l'inconnu de ces quelques heures. C'est la fin inéluctable de notre symbiose et j'ai toujours un pincement au cœur… Nuit blanche sans sommeil à écouter ma rose qui se prépare à paraître, coquette déjà sous sa cloche de cristal. S'abandonner à la sage-femme. Rester ancrée à son mari. Moment unique et paradoxal où l'on accepte cette séparation, où l'on dit adieu pour pouvoir vivre pleinement avec. Envol.

18 juin ! Elle est là avec le soleil !

L'émerveillement est à chaque fois différent. Nous ressentons aussi son émotion…

Ma demoiselle cherche déjà à se remettre de ce passage fantastique et, truffe au vent, cherche son chemin.

Ta tête tient dans ma main
Et ta main dans la mienne
Tu tètes et tu tiens
Ta tête sur mon sein.

Je m'enivre au plaisir
Du parfum si subtil
De ta tête entiédie,
Chatouilleuse à la fois.

Ton sourire un instant
Te détache de moi.
D'émoi, de tendresse,
Ton merci me caresse.

Nos chaleurs enlacées,
Tu tètes et tu tiens
Ton regard dans le mien
Cœur à cœur apaisé.

Silence

J'aime ce moment royal de calme après la tempête. Ce moment où je peux, enfin seule, renifler mon nouveau petit. Elle m'est toute confiée, tout abandonnée, tout contre moi. Elle a son odeur piquante de nouveau-né qu'on ne lave plus, ce n'est plus la mode. Et tant mieux. N'est-elle pas mieux contre moi que dans un bain, savonnée par des inconnues efficaces, lui ôtant les subtiles protections qu'elle a encore ? Elle garde ainsi ses couches invisibles de peau d'ange pour atterrir en douceur dans notre monde agité. Elle garde son calme olympien. Elle est rassurante. Je l'adopte de l'extérieur, je prends sa mesure, sa forme et sa pesanteur. Elle est blottie, naturellement. Mais sans crainte, par pur bonheur. Nous sommes séparées, je mettrai du temps à l'intégrer car il me semble qu'il est trop tôt pour le croire. Vingt ans trop tôt parfois… J'ai l'impression d'avoir moi aussi un cordon à la place du nombril. Il cicatrisera.

J'ai les mains creuses
De tes joues pleines
Et le cœur gai
De ton sourire
Je suis remplie
De ton bonheur
Et si fragile
De ta douleur

Le corps creusé
De t'accueillir
Les yeux fermés
De te sentir
Je veux veiller
Sur ton sommeil
Te protéger
... De moi aussi

Ensemble

Les trois frère et sœurs ont accouru, conduits par une grand-mère dont l'impatience est à honorer. Ils m'embrassent en se tournant déjà, roses de bonheur, vers la petite sœur. « Hooo, maman, qu'elle est belle ! » Ils ont pris un an en un jour et me semblent énormes à côté de mon nouveau tout-petit. À les coller au régime pour obésité et à craindre pour leurs articulations…

Les voilà pendus aux bords de la petite coquille en plexiglas dans laquelle dort, inconsciente du danger imminent, la petite sœur innocente. On extrait la merveille qui passe de bras en bras, affrontant bisous, chatouilles et caresses avec une inertie qui ne saurait durer. Le bonheur des grands est plein d'émerveillement et de délicatesse tandis que l'ex-dernière commente abondamment la nouvelle : « Regarde les petits pieds ! Regarde les petites mains !!! Donne maman, donne encore le bébé ! Je va faire krrrrrèèès attention, hein ! » Ils sont tous égayés sur le lit, comme sur un nouveau navire chargé d'une précieuse cargaison.

Prise d'un doute soudain, ma seconde de quatre ans, considérant insolemment que j'ai encore un peu de ventre, s'assure qu'il n'y a pas un autre bébé à suivre. Rassurée, elle appuie à pleines mains sur ce petit bidon résiduel et m'ordonne « avale ». C'est presque aussi efficace que les menus minceur concoctés pas les diététiciennes chevronnées de l'hôpital, juste bons pour affamer une jeune accouchée allaitante. Et c'est à peine plus plaisant que cette espèce de revue pour adolescente attardée en mal de sexe et de régime, offerte avec son échantillon de gloss, dans une mallette de cadeaux publicitaires et de réductions pour les nouvelles mamans. Avec votre poupon, vous êtes une nouvelle victime marketing de choix et votre naissance au monde des couches, des petits pots et des laits maternisés est saluée comme il se doit. D'une pluie de bons d'achat.

ÉTÉ

La rose offerte par la maternité a flétri en un temps record. La chaleur sans doute… Je me sens aussi passée qu'elle.

De l'état de centre du monde, de tabernacle, je passe à celui de transparence absolue. Je me sens vide et invisible, seule, loin de ma petite famille. Mais se terminent enfin les cauchemars de marche arrière du neuvième mois. Et tant mieux qu'on ne me regarde pas, ça m'est bien égal, seul mon bébé compte.

Une grande fatigue m'envahit, comme un contrecoup de toute l'excitation des jours précédents. Mais quel bonheur immense de se pencher sur ce petit berceau qui porte mon nouveau trésor.

Et voici le grand défilé qui commence.

Nous avons annoncé la nouvelle le plus tard possible pour en reculer l'échéance. Mais les inéluctables frottements se font entendre sur la porte : la salve des visiteurs, curieux, impatients, polis ou obligés, commence.

Bébé n'a pas 24 heures qu'on se précipitera pour le voir et l'admirer. Par moments, je n'ai qu'une envie : être avec lui tout seul pour le couver sous mon aile en respirant dans ses petits cheveux. Mais non, ça toque et ça retoque, pour admirer un petit gigot encore tout fripé de trois kilos. Égoïstement, je garderais bien ce poupon pour moi toute seule, mais quelle joie il apporte déjà autour de lui, rien que d'être parmi nous, si petit.

Visites

Talons aiguilles à bâbord !

Le bruit résonne dans le couloir.

Moins trois… moins deux… moins un… pas de doute, c'est pour vous. Petit silence, le temps de s'assurer du prénom du bébé sur la porte.

Ce sera peut-être la collègue de votre mari, langue de vipère qu'on préférerait voir prendre ses clics et ses clacs plutôt que son temps. Et l'affreux objet qu'elle vient de vous offrir avec. Ou une gentille voisine qui a « appris la nouvelle », guettée avec frénésie, et qui adore tricoter.

Mais je suis fatiguée et peu de visites me feraient vraiment plaisir. Une bonne amie, ma mère ou mon adorable belle-mère. Pas d'inconnue, amie de la famille qui a peur que je m'ennuie au point de rester une heure. Quant à celles qui ne peuvent réprimer le flot d'histoires horribles de bébés, qu'elles se taisent ! Moi qui croyais qu'après les histoires atroces d'accouchement, j'aurais la paix… Le second volet commence !

Si je peux faire une petite sieste après cette nuit terriblement longue à tenter de calmer un bébé qui semble décharger une angoisse irrépressible, ce serait bien.

Ensuite, je serai heureuse de le présenter, de laisser ses petits soupirs enchanter les visiteurs.

Mais gare à ceux qui voudront prendre *mon* bébé dans leurs bras. Pour moi, un bébé, c'est comme les faons perdus à la lisière de la forêt : si tu les touches, leur mère ne les reconnaîtra jamais plus et ils mourront de faim.

Cadeaux

Avec la valse des visites commence la valse des cadeaux, relayée au retour à la maison par une cataracte de colis qui se mue en ruisseau raisonnable au quatrième. Je suis toujours touchée par ces attentions, cet accueil bienveillant du nouveau bébé, cette façon de lui dire : « Tu es unique, voilà quelque chose pour toi tout seul. » Oui, même si ta maman a déjà 53 grenouillères du six mois portées par tes frères et sœurs, celle-là, elle est rien que pour toi. J'ai remarqué que souvent, ceux qui ont choisi avec le plus d'attention, ou mis tout leur cœur à réaliser eux-mêmes quelque chose, précisent en rougissant : « Ce n'est rien. » Ou : « Il n'est pas tout nu, mais bon… » Et là, je suis sûre de découvrir une merveille, voire une merveille absolument pas de mon goût. Mais l'amour va si bien aux nourrissons…

C'est un peu, un p'tit peu, plus que rien
Un p'tit peu, pas beaucoup, mais c'est mieux que rien
C'est un peu, oh, si peu, mais un peu qui compte
pas pour rien
C'est un peu comme un rien, mais c'est plus que tout
C'est un peu moins que rien, un p'tit peu,
pas beaucoup, moins que tout, mieux que rien,
C'est un peu, un peu d'vent, un peu d'air,
un peu de tout
C'est bien peu, mais surtout ce n'est rien du tout
C'est si peu, n'dites rien, ni merci, ni de rien
Ça si peu ?
C'est promis, entre nous, ce n'est rien, du tout
Oh c'est rien, un p'tit rien mais qui m'plaît beaucoup

Palalam mais de rien palalam c'est beaucoup !
Palalam rien du tout palalam mais ça m'plaît
beaucoup !

Ressemblance

Inévitablement, commence aussi avec ce flot le jeu inéluctable des ressemblances… Dès la maternité, on ne peut se pencher sans lâcher force : « C'est le portrait de son père ! » Ou : « Celui-là (!) qu'est-ce qu'il te ressemble alors… » Et de mois en années, les pronostics évolueront, combinés ensuite avec les frères et sœurs. Il s'agit en général de trouver un sujet de discussion, et qui n'y a pas cédé un jour ? Celui-là peut sembler anodin, mais gare… Les pentes inconnues sont raides, de l'infidélité aux PMA…

Me voilà bien perturbée par les ressemblances plus profondes qui ressortent désormais chez les plus grands : réactions, sensibilité, agilité, sommeil… une multitude de choses bien plus subtiles émane de chaque enfant dès tout petit, dépassant largement le jeu connu des gènes et de la couleur des yeux. Inné ? Acquis ? Projeté ? Rejeté ? Et le plus dur reste ces traits insupportables qui viennent pourtant tellement de moi… J'ai presque l'impression parfois que la distance s'accroît avec les ressemblances.

Tu me ressembles
À qui s'en plaindre ?
Mais ce miroir
M'effraie un peu.

Il se reflète
À l'infini
Résonne en moi,
Résonne au loin.

Je perds le fil
Et je perds pied,
Mes souvenirs
Évanescents.

Je te regarde
Pour me revoir,
Les yeux plissés
Tête en pelote.

Symbiose...
Un instant
Nos cœurs en parallèle
Vibrent un moment.

Bain de famille

Les enfants viennent à nouveau profiter du bain du bébé. Leur présence me repose, étonnamment.

Mon grand se glisse à ses côtés et lui glisse à l'oreille : « Tu sais, un jour tu te marieras avec un jeune homme brave. Mais ça, tu ne peux pas encore le savoir ! » Lui qui a déjà appris à ses autres sœurs qu'elles ne pourraient se marier avec leur mère car « le mariage, c'est un garçon contre une fille ». Reste à bien interpréter le « contre »…

Ma grande se prend d'une tendresse particulière pour son bout de cordon, si mignon… Cet affreux machin inutile qu'il faut nettoyer tous les jours!!! Je lui explique, compresses à la main (la mode des cotons-tiges est passée, pour combien de temps ?), qu'on le nettoie soigneusement pour qu'il tombe. Sur ce, je tourne les yeux une minute pour attraper une bricole. Je la vois alors qui a attrapé sa sœur par le cordon, avec deux doigts, me dire déçue : « Regarde maman, il tombe toujours pas ! »

Le retour à la maison me mettra peut-être à l'abri des visites intempestives, mais pas des âneries…

C'est son premier bain en famille, bain de famille qui lui fait garder la bouche, les oreilles et les yeux grands ouverts : elle enregistre tout et se souvient de la musique familière de notre agitation coutumière. Elle continue d'apprendre qu'elle n'est pas la seule au centre de notre vie, mais qu'à quatre ils partagent le cœur de notre amour.

Nourrir

« Tu la nourris ? » me demande une amie. Comment dire… « Évidemment ! » Elle a voulu me demander si je l'allaitais et en a été quitte pour une bonne rigolade. Et une petite mise au point : tu sais, toutes les mamans nourrissent leur bébé, chérie. Toutes. Avec beaucoup d'amour, en poudre ou pas. Et l'allaitement alors ? Chacun le sien, pourrait-on dire. Et pour chaque bébé un nouveau mode à trouver. C'est comme une symbiose potentielle dans laquelle chacun va investir un capital réussite et introduire aussi un zeste de complications possibles.

Chacun ? Plutôt tout le monde !

De la sage-femme incompétente à celle aux mille conseils avisés, de votre voisine opulente à votre belle-mère curieuse, de votre sœur avisée à votre amie aigrie, mieux vaut parfois simplement ouvrir son parapluie à la pluie de conseils en forme de victoire ou d'amertume. J'ai vu du lait tourner sous un regard inquisiteur, des fontaines se tarir sous des soupirs dubitatifs, des seins se flétrir sous les remarques acerbes. « Il pleure, tu n'as pas assez de lait. » « Tu devrais… » « Ton lait doit être… » « Ne mange surtout pas ça ! Ça pourrait… » Heureusement que ça ne fait pas pousser des cornes et une cloche au cou d'assommer d'avis une jeune mère allaitante, ou les couloirs de la maternité ressembleraient à un grand marché de vaches.

Finalement, les mots d'ordre de base sont pour moi : y croire et se moquer du reste. Et aussi, bien installer son bébé, puis l'écouter me dire comment est son appétit et combler ses besoins de câlins.

Voilà un programme bien incompatible avec une surveillance quelconque des aînés.

Reste à écouter, son petit au sein, les signaux d'alerte habituels : les hurlements, les bruits sourds ou les silences louches. Sans oublier de laisser traîner ses oreilles pour attraper cette phrase prometteuse par exemple : « D'accord, tu fais la tartine et moi, je fais le beurre. »

Reste à prendre son mal en patience face aux fauves en liberté et à oublier le téléphone. « Maman, ça sonnait le téléphone, alors j'ai répondu. C'était une dame. Là j'ai raccroché, mais je lui ai bien dit qu'elle pouvait laisser un message… »

Aux anges

Voilà, je l'avoue, je guette les signes de reconnaissance. Et le sourire aux anges qui suit la tétée en est un divin. Je ne le laisse à personne d'autre et je le guette. La tétée l'a laissée comme assommée. Elle est là dans mes bras, immobile et les yeux fermés, mais je sais qu'elle ne dort pas. Elle se repose de son effort, elle se gorge de plaisir, tète parfois sa lèvre de sa petite langue creusée, se chatouillant les babines en souvenir de ce bon moment. Elle ne bouge pas, mais j'écoute sa respiration. Son souffle tout à coup se fait perceptible et s'accélère, puis se creuse en lourdes vagues, raclant un instant les rochers, et se libère voluptueusement en un sourire fugace, clignotant ou exagéré, suivi parfois d'une moue de désespoir vite réprimée. L'épisode se renouvelle, avec maman au balcon pour s'attendrir.

En fait, bébé ne sait pas sourire de son plein gré, mais le voilà déjà capable de satisfaire son entourage sans y prendre garde. Et moi, je me remplis de tous ces signes gratuits pour être armée, lorsqu'à 15 ans, elle m'enverra promener. Je remplis mes poches, je fais mes réserves… elles seront entamées un jour. On appelle ça « sourire aux anges », mais je m'interpose et saisis tout. Même si cet état de fait ne semble pas forcément effleurer mes tout-petits : l'un d'entre eux, entièrement à son bonheur de boire au sein les yeux fermés, avait fini par les ouvrir et sursauter de me découvrir au-dessus de lui. Oui, gros malin, quand tu tètes, maman n'est pas loin ! Quand ils le comprennent définitivement, ils marquent, comme dirait ma grand-mère, « une préférence éhontée pour leur mère ». Tiens donc !

Et ce sourire divin m'abreuvera quelques mois encore, oui. Car même lorsqu'elle saura répondre à nos sourires, elle continuera, de simple bonheur, à distribuer à la ronde dans son sommeil étrange, un plaisir aérien.

Soirée

Le soir à la maternité, j'aime ces moments partagés avec mon mari et notre petit bout. Ces moments hors du temps qui ne reviendront jamais et tissent déjà la trame de notre histoire commune. Ou plus exactement de notre histoire individuelle entre lui seul et nous, ses parents.

Dehors, il fait doux, la fenêtre est ouverte, premier pont entre ce lieu médicalisé et la vraie vie. Le soleil se couche, accompagné de chants d'oiseaux. J'entends le silence des bâtiments enfin calmes. Nous sommes trois. Deux penchés sur cette nouvelle merveille et pleinement là pour elle. Quand je prends mes bébés, j'ai l'impression qu'ils s'étirent, leurs petits pieds pendant comme des oreilles de lapin. C'est comme ça tant qu'ils ne savent pas à quoi peuvent bien leur servir ces petits machins articulés !

Quand mon mari les attrape, il les prend d'un seul coup dans ses grandes mains, comme dans un nid. Il les blottit ensuite sur son épaule et ils tournent déjà leur tête béate, même les yeux fermés, vers le visage paternel. Ils peuvent rester là longtemps, rassurés, en boule, sans bouger, comme suspendus le long de ce grand corps. Je les regarde et je sais que nous sommes deux pour les faire grandir. Chacun à notre façon comme chacun le porte. Papa saura calmer les angoisses du soir de sa voix grave et douce et de ses câlins, maman saura calmer les mauvais réveils. Maman saura les rassurer et papa leur donner le goût de l'aventure. Ou l'inverse selon les couples !

Nous avons quatre enfants, mais ce moment nous appelle à rester présents pleinement à chacun, à prendre le temps de l'exclusivité. Le soir apporte la douceur irremplaçable pour ces moments bénis. Les grands rassemblent leur journée, la décantent en se balançant dans leur lit et en regardant le plafond. Il suffit de se pencher pour récolter les trésors du jour qu'ils peuvent partager tranquillement, loin du brouhaha de la fratrie. Le soleil se couche et moi aussi je suis rassurée par cette présence solide, papa pour l'une, mari pour l'autre. Comme les enfants, j'aime lui partager toutes ces petites choses qu'il accueille avec une sérénité contagieuse.

Retour à la maison

Pour mon premier bébé, je ne me posais pas la question.

Pour ma seconde, j'étais pressée de rentrer à la maison pour retrouver mon aîné si raisonnable.

Pour les suivantes, j'ai aimé me reposer un peu avant de reprendre la vie avec les autres petits…

Le personnel médical n'a eu aucun mal à laisser partir la multipare que je suis assez rapidement. L'obstétricienne a même ajouté, béate devant ma mine et mon dossier, que je pourrais faire mère porteuse… L'ANPE confirmera sans doute que ce serait une réorientation professionnelle astucieuse dans mon cas si le job n'était pas illégal.

J'ai tout simplement hâte de me retrouver chez moi, sur mon île. Et ma petite dernière est si gentille que j'ai l'impression de l'avoir toujours eue sous le bras.

Nous sommes prêtes toutes deux, chambre rangée, sacs dans le couloir, ma minuscule poussinette dans sa petite coque de voiture dernier cri. Je dis au revoir à la maternité comme à un bon ami qui part en basse Amazonie pour quelques années et peut-être pour y faire sa vie. Prise d'une nostalgie précoce, je glisse dans ma poche un « doudou » de la maternité, rectangle de coton blanc. C'est mon cadeau d'adieu.

Voilà le soleil qui caresse ses mains et le moteur de la voiture qui berce son sommeil, le temps de rejoindre la maison. Du haut de ses deux ans, la désormais grande sœur nous accueille avec des cris de joie : « Maman ! Maman ! »

Puis elle se fige stupéfaite devant le drôle de panier qui contient quoi ? « Hooo ! Bébé ! »

Visiblement, elle n'avait pas envisagé que maman aurait l'idée de s'encombrer jusqu'ici de ce petit rôti un tantinet braillard. Mais bon ! Dans ce monde ou les adultes décident de tout, elle hausse les épaules et son bon sourire illumine à nouveau un visage éclairé par cette nouvelle perspective.

Déshabituée quelques jours, je hume les odeurs de la maison avec plaisir et dépose ma fleur fraîche dans le reposoir déjà préparé.

Voilà bébé, bienvenue à bord ! Que la traversée soit bonne !

Li la li la lou
ta la la...

Silence... encore

Et ce silence qui n'en finit pas. Comme un appel à en profiter, à se laisser engloutir dans ce face-à-face, cet échange d'amour, pour créer ce lien ineffaçable, à l'heure où il peut durer toujours. Appel à se laisser happer par l'amour plutôt que par la routine, par la relation plutôt que par la gestion. Passer du temps avec les enfants, pas seulement pour les enfants. Ce temps gratuit qui coûte tant car il ne dispense pas du reste. Qui fait les lessives pendant que je câline ? La cuisine pendant que je joue aux petits chevaux ? Personne… Mais poussière et surgelés n'empêcheront pas ma couvée de grandir et me garderont de me réveiller dans quelques années avec le regret éternel de ne pas avoir existé avec eux. S'occuper, s'occuper ne suffit pas.

Et ce silence qui n'en finit pas, troublé seulement par des cris d'enfants que je crois entendre dans le chant des oiseaux ou derrière le bruit assourdissant de l'aspirateur. Tout est pourtant calme, mais l'agitation de la maternité me colle encore un peu aux oreilles.

Les jours suivant la naissance, des vagues de *blues* m'envahissent. Serai-je capable ? Question impossible… Non, bien sûr ! C'est terrible d'ailleurs, mais en ces zones irisées de cafard, je ne peux que me plonger dans cette immense sensation d'impuissance et nager, nager pour oublier.

Étrangement, il me semble parfois que ces angoisses, ces larmes sont un moteur de la dilatation du cœur pour laisser la place à l'enfant suivant sans voler les autres. Car pour qu'il y ait toujours autant d'amour dans un cœur de maman malgré les flots qu'il déverse, il y a bien des ressources pour l'alimenter. À commencer par l'amour d'un papa, un peu oublié parfois en ces temps exclusifs et comblants…

Ma chérie

Stupéfaction devant la délicatesse implacable d'un mari, au premier degré de l'attention : « Tu as l'air fatiguée ma chérie, tu devrais te maquiller. »

Non, je ne fais résolument pas partie de ces femmes, si tant est qu'elles existent, qui se délectent de faire le ménage, se gobergent devant des vitres transparentes, s'épanouissent en étendant leur linge ou se pâment de plaisir en cirant le parquet. Ces délices inconnues ne me donnent donc pas bonne mine.

Le « Tu as l'air fatiguée » avait drôlement bien commencé pourtant. Chouette, il s'en rend enfin compte. Il va peut-être proposer son aide. Ce serait formidable, car je reconnais moi-même qu'il a une efficacité souveraine que je suis devenue bien incapable même de simuler. « Tu as l'air fatiguée », le ton d'apitoiement sympathique y est. Il veut que ça change. Il a peut-être de bonnes idées de hordes de femmes de ménage, de repasseuses ou de week-ends reposants en amoureux. « Tu as l'air fatiguée » me ravit un court instant et défilent en éclairs toute une série de vraies solutions pour y remédier. Mais plages et cocotiers s'évaporent aussi sec, car le temps d'une virgule est bien court et la fin de la phrase me laisse pantoise : « Tu devrais te maquiller. » C'est sûr que ça résout le problème de l'air qui finalement est peut-être le seul à effleurer mon mari. « Tu devrais te maquiller »… Et puisque les bras m'en tombent, je peux même me tourner vers la chirurgie esthétique pour recoller les morceaux.

En fait… il est bien valeureux de remarquer ma fatigue, il en a aussi sa dose quand j'y pense, mais personne ne s'y intéresse ! Et dans cette pagaille de fatigue, les degrés de sensibilité font monter la température un peu vite ! Vivement nos prochaines vraies vacances. Dans vingt ans ? Promis, je me maquillerai le temps d'être assez reposée !

Anatomie de la mère de famille

Le nez

Très important, c'est lui qui vous signale une couche pleine, une poubelle oubliée ou une date de péremption dépassée. Essayez un peu d'être efficace pour trier le linge sale du propre, dans la pelote confectionnée par votre petite dernière, avec un gros rhume…

Les bras

Au nombre de deux habituellement, on se demande parfois si on a la berlue… Descente de voiture sur le parking : comment faire pour tenir la dernière dans ses bras, empêcher l'avant-dernière de se jeter sous un bus et refermer la voiture à clef? À mon aîné qui s'impatientait que je n'obtempère pas à sa demande, je faisais remarquer que je n'avais que deux bras. Ce à quoi il a gentiment fait remarquer qu'à partir de trois enfants, le Bon Dieu pourrait bien nous en octroyer un troisième…

— Et on le brancherait où ? lui demandai-je.

— Sur le ventre !…

Mais, se ravisant rapidement

— Ho, non, ce serait vraiment trop moche.

Heureusement que les prières secrètes des enfants ne sont pas toujours exaucées… Je n'ai pas la vocation d'un Alien…

Les jambes

On en a besoin, ne serait-ce que pour les prendre régulièrement à son cou et se sauver soi-même…

Les fesses

Voilà, elles se sont usées sur les bancs de l'école, alors on fait des économies pour qu'elles nous tiennent jusqu'à la fin de la vie. Même au téléphone (vive les sans-fil), je galope au lieu de m'asseoir, ce qui vaut à ma troisième un sketch fulgurant : lorsqu'elle se saisit de son téléphone de pacotille, elle prend alors un petit air délicieux, rit à intervalles réguliers et surtout, se met à sillonner inutilement la maison tout en faisant des petits brassements d'air avec ses bras. Toute ressemblance avec des faits réels serait purement fortuite. J'ai mesuré à son numéro l'inefficacité absolue que j'avais dans ces moments-là, mais ne me résous toujours pas à m'asseoir posément pendant un coup de fil. Parfois quand même, le combiné fixé à l'oreille, je m'accoude au plan de travail de la cuisine, histoire de ne pas retrouver la vaisselle sale dans le réfrigérateur, les chaussettes dans le bac 90 °C ou les collants de bébé dans les pantalons de l'aîné.

La tête

No comment. En petits morceaux de toutes les couleurs et éparpillés dans tous les coins… Pour jouer à la mosaïque. C'est tendance.

Les mains

Haaa! Les mains! Appendices précieux mais à double sens. Côté paume ou côté dos. Côté menaces ou côté câlins. Je me demande parfois si les mains des mères sont sculptées par leur travail, comme un paysan a les mains calleuses ou un violoniste les bouts cornés. Ce doit être le cas, même si l'amour est plus doux, puisque certaines mamans ont des tendinites incroyables de changer leur bout de chou à tout bout de champ.

Les pieds

Ce sont un peu mes autres mains. Ils tiennent les portes, retiennent les enfants, attrapent les objets au sol pour éviter de se baisser avec bébé. J'aime être pieds nus pour sentir ma maison et me servir de mes pieds comme de petites mains très humbles, mais bien serviables. Mes enfants très jeunes trouvent d'ailleurs tout à fait naturel de manier ainsi leurs doigts de pieds, ce qui fait franchement halluciner mon mari. « Tout le monde en chaussons ! On n'est pas des singes ! »

Le dos

Précieux indicateur, il passe à l'orange quand le poids des enfants est trop lourd et au rouge quand les soucis s'amoncellent. C'est peut-être parce que les enfants pèsent encore plus lourd quand on ne peut plus les prendre dans nos bras pour les consoler et les cajoler.

TU SAIS MON CHÉRI, PARFOIS LORSQU'IL EST TROP TARD
LES MAMANS SE TRANSFORMENT EN SORCIÈRES...

Cerveau

Revenons quand même un peu sur la tête, ou plus précisément sur ce qu'elle contient.

Un peu comme une image rebondissant en 3D sur un fond d'écran, j'ai le cerveau qui évolue dans le temps.

C'est bien connu que quand je travaillais, il était comme ceux de la télé : rose, frais, plein de circonvolutions, de connexions, de neurones et de pensées.

C'est devenu un peu spécial ces dernières années. Quand je me regarde dans le miroir de la société, en particulier lors de dîners en tous genres, il me semble apercevoir un grand vide dans lequel s'égare un petit pois tout racorni. Mais je sais bien que c'est faux. On ne m'aura pas comme cela.

Voilà en fait à quoi il ressemble vraiment.

Le matin, en général, c'est une grosse gelée, comme celle qu'on sert en Angleterre. À transporter avec prudence : ça ballotte à gauche et à droite et on pourrait même penser par moments qu'elle n'a pas bien pris... Puis, à l'heure du déjeuner, ça devient un énorme fromage blanc, reliquat d'une gelée réchauffée et partiellement consommée. Un petit café et surtout un quart d'heure de calme plus tard et voilà votre serviteur tel un sous-sol industriel, rempli de tuyaux parallèles, en boisseau, qui se croisent et se recroisent, chargés de fluides circulant à la vitesse de la lumière. Il faut gérer, organiser, lancer mille choses à la fois et ça marche. Mais voilà, la belle machine est mise en panique par l'heure de sortie des classes et à l'heure des bains, elle tient plus du flan dont on a tiré la languette que de quoi que ce soit d'autre. Et puis vient l'heure du coucher où, après quelques évolutions en boules de métal électrique, hérissées de piquants et projetant au plafond des réminiscences de martinets ou autres expédients, mon cerveau devient un nuage de coton dans les tons pastel. Il se consomme comme une barbe à papa jusqu'à l'heure du coucher.

Bestiaire

J'aimerais comme la girafe n'avoir besoin que de sept minutes de sommeil par jour et mettre au monde mes petits debout, mine de rien, en mâchouillant une feuille d'arbre.

J'ai parfois l'impression d'être un mouton lorsque les enfants me mangent la laine sur le dos ou que je fais mes courses un samedi de lendemain de fiche de paie.

Quand j'allaite, je sais à qui je vous fais penser.

Je passe sur le côté lapine qu'on me reproche depuis que j'ai passé le cap des deux enfants.

Je suis un cerf à la sortie de l'école ou au parc, les bois chargés des manteaux, bonnets et gants inutiles.

Je suis aussi Dory dans *Le Monde de Nemo* quand on me demande les dates de naissance de mes enfants.

Je rêve d'être transformée en aï, ce paresseux d'Amérique du Sud, mais juste un quart d'heure par jour.

Je suis très poisson-lune, vaguement hirsute et l'air de rien, mais hérissé de piquants au moindre danger.

Pouponner

Elles babillent gentiment au fond de leur chambre et cette fois, je prends le temps d'admirer leur autonomie : enfin, elles s'occupent sans moi et le spectacle doit être réjouissant. Elles jouent aux poupées, elles jouent aux mamans. Elles s'amusent avec une belle inconscience à ce qui risque de les préoccuper de longues années. Les bébés prennent un repas et se font arroser de commentaires adaptés. La grande gronde : « Finis ton assiette ou pas de dessert », « Vilain, vilain, tu craches partout », accompagné d'une solide trempe qui me laisse perplexe sur mes habitudes. La petite sermonne, fait dire à son protégé tous les « beurk » et « pas bon » de son vocabulaire et finit par donner la béquée en comptant « un… deux… et trois! » Ce repas ressemble décidément à une vaste corvée, à cheval entre le gavage d'oie et la guerre de stratège. Je médite…

Enfin, c'est l'heure du coucher. On attrape les petits par la peau du cou, comme les chats. Tout commence par de longs câlins et les poupons semblent combler brièvement leurs douces mères. Impossible qu'elles aient l'idée de chanter une berceuse, elles n'en ont jamais entendu… Rapidement, un bébé pleure, fort bien imité. « Ze veux plus t'entendre! C'est plus l'heure », lui oppose-t-on dans un premier temps. Mais le monstre continue. Horrifiée, je vois alors ma fille l'attraper par les pieds et le taper dans le lit : « Ça suffit ! Ça suffit ! Tu nous casses les oreilles ! » Un instant, assaillie par une image furtive et immaîtrisable, je cauchemarde que je pourrais en arriver là, au beau milieu d'une nuit de coliques ou de reflux. Le pauvre nourrisson artificiel perd une jambe, ce qui stoppe d'ailleurs ses pleurs : « Ha ? Pleure plus ? » s'étonne la petite sœur qui se retourne sur son neveu. « Non, il a plus de jambe », grogne la propriétaire, observant avec attention le moignon. Puis, satisfaite, elle prend son nouveau modèle baby cul-de-jatte sous le bras, comme un sac à main et déclare : « Il est moche maintenant, on va le jeter à la poubelle. » Et le cortège funèbre s'ébranle, la jambe arrachée plantée sur le doigt de la plus petite et brandie en guise de crucifix. À cet âge-là, les choses sont simples et sans proportions. Parfois, je me demande quand même où elles vont chercher des idées pareilles. Dans notre subconscient ? Dans le leur, déjà nourri ? Dans l'au-delà de nos menaces parfois disproportionnées ?

On sonne à la porte. Qu'importe qui va entrer, je range rapidement poupées et autres personnages : pas question que le jeu de mes enfants nous fasse passer pour des bourreaux sans cœur, des tortionnaires sans scrupule. Ou pire : que ces jeux innocents en apparence trahissent nos travers ou nos habitudes. Qu'à travers leurs poupées elles livrent à des étrangers ce qu'on croit garder dans nos murs, mais qui transpire un jour pour rejoindre les rivières et les flots d'indiscrétions que génèrent tous les enfants sans même s'en rendre compte. Et qui donnent les lacs de grandes rigolades dans lesquels on se délecte en citant tel ou tel bambin, de préférence dans le dos de ses parents. « Tiens, le petit Untel jure comme un charretier dès qu'il joue avec les petites voitures… » « Quand Mlle X joue à la poupée, elles vont toutes sur la balance en se plaignant d'avoir encore pris un kilo. » Oui, je range mes poupées, et arbore mon meilleur sourire. Celui d'une maman à qui il suffit de se pencher deux minutes sur ses enfants chéris, dans leurs moments délicieux, pour regonfler ses batteries à bloc.

Les 1 000 trucs d'un père de famille pour nous dégoûter de le mettre à contribution

« Déchargez-vous ! » qu'ils disaient…

Votre mari est la première personne à qui demander de l'aide.

Au secours !

« Chéri, samedi soir, c'est toi qui t'occuperas du dîner. »

Voilà comment en un seul soir, la bouche en cœur, il a vidé de votre congélateur les « trésors-à-sortir-en-cas-d'urgence ». Pizzas minutes, plats tout prêts, il y avait de tout, il y avait même de trop. C'est facile et il vous a même narguée en disant qu'il lui avait suffi de dix minutes pour préparer le repas. Traître ! Voleur ! Pilleur ! La prochaine fois, tu prépareras le repas, courses comprises, et je ne te donnerai pas un quignon de pain de ma réserve. Et interdiction de restau ou traiteur.

« Chéri, puisque ce mercredi tu es là, c'est toi qui t'occuperas des enfants. »

Mercredi génial pour les enfants : ils ont fait tout ce qu'ils voulaient. Jeudi, vendredi à pleurer pour remettre la maison en état. Chéri, s'occuper des enfants ça ne veut pas dire rester collé à l'ordinateur 6 heures de suite, prêt à en dégluer uniquement en cas d'accident domestique grave. Imagine au bout d'une semaine si je m'occupais comme ça des enfants ? Oui mais si je m'en occupe, répondra l'élu de votre cœur, c'est à MA façon.

J'ai encore 998 autres exemples, si vous voulez qu'on les partage, et vous en avez bien autant, non ? Si on se prend un thé avec une troisième amie, on aura donc 3 000 occasions de ricaner et le temps de se gaver de scones…

Et puis si les mecs étaient bavards comme nous et buvaient du thé en pestant contre leur femme, en s'en plaignant gentiment, en les mimant et en en rajoutant, ils en auraient pour un bon moment… Mais ils préfèrent lever un verre entre potes et regarder un match en rigolant fort et ça leur fait un bien immense !

En tout cas, à la maison, c'est clair, nous n'avons pas du tout la même façon de prendre les choses en main, lui et moi… D'ailleurs, il vaut mieux que ce soit lui qui s'occupe des factures, des papiers d'école, du chargement du coffre, du choix des sports pour les enfants, de l'entretien de la voiture, de… Houlàlà la liste des 1 000 trucs qu'il fait mieux que moi serait vite remplie. Voilà, en fait, autant se répartir les tâches en fonction de nos compétences, il y en a bien assez pour éviter le contre-emploi. Et déléguer le cas échéant avec consignes strictes, contrat signé, pénalités en cas de non-respect. Comme un petit restau en amoureux s'il emmène les enfants au fast-food ! Après tout !

Départ en vacances

Voilà, c'est le sommet de l'horreur dans le cauchemar des vacances : en plus de se farcir les enfants à 100 %, il faut partir, quitter cet endroit où l'on a tout, y compris des nuits correctes, pour partir à perpette, en pensant bien sûr à tout emporter.

Y compris un sourire aux anges : on part en vacances !

Et on en reviendra avec tout ça de linge sale, une maison à l'abandon et quelques plantes mortes, mais ça, bon débarras.

En fait, ce serait simple de faire les valises si la maison était impeccable. Mais justement, depuis quelques semaines, les enfants s'y déploient sans complexe, et les tétées n'arrangent rien. Deux heures à nourrir son bébé et autant de temps en pilotage automatique ont eu définitivement raison de tout. Comme de toute façon il faut aussi emporter deux lits-parcs, mieux vaut limiter le volume.

Commençons par mes tenues… dans lesquelles je ne risque pas de rentrer. À quelques semaines de la naissance, je veux bien être « rayonnante », « ravissante », « qu'on croirait jamais que j'en ai quaaaatre », mais quand même, rentrer dans mon 34, faut pas pousser. En plus, essayez un peu d'allaiter discrètement avec une jolie robe ! Ça m'est arrivé une seule fois, je peux vous dire. Une seule fois à me demander si j'enlève tout le haut ou relève tout le bas… Un vieux jogging du 38 semble un candidat idéal, joli résumé de ma morphologie et de mon désir de plaire. Pour terminer, il va falloir hurler un peu contre les lutins qui défont mes valises dans mon dos, les esprits malins qui ont fait disparaître les chapeaux de soleil, les ogres qui ont mangé dentifrice et crème solaire. Au bout de deux heures d'efforts sincères, je m'assure simplement que ma carte bleue est sur le départ. Après tout, on part en pays civilisé, alors tant pis pour ce qui manque, on le rachètera. C'est comme cela d'ailleurs que j'ai des colonies d'antimoustique et des palanquées de sandales de mer.

Dernière tâche : convaincre mon homme que tout peut rentrer dans la voiture, car c'est mon génie préféré, mon héros et qu'il peut tout.

Et cette année, ruse définitive, je file chercher des tickets de train pour moi : le rat quitte le navire et je roulerai tranquille avec bébé, sans infliger de haltes tétées-changes à toute la famille. Nous nous retrouverons sur place, ce sera bien suffisant.

La SNCF affiche fièrement à l'attention des parents démissionnaires et irresponsables : « Mesdames et messieurs, pour leur sécurité et la tranquillité des autres voyageurs, vous êtes priés de surveiller vos enfants pendant le trajet. » C'est un summum. Ils devraient peut-être interdire tout simplement l'accès des trains à ces petits êtres agités et nauséabonds. Sur l'autoroute, on nous rappellera aussi sans doute de les faire boire, de les accrocher et de ne pas les oublier dans la voiture lors des pauses obligatoires toutes les deux heures. Des fois que ça nous rappelle qu'on les a oubliés dans l'entrée avec les consignes pour la voisine… Enfin, soyez tranquilles pour les pauses ! Avec un véhicule gorgé d'enfants, la pause s'impose. Quand ce n'est pas pour faire pipi ou pour vomir, c'est pour nettoyer. Mais cette année, ce n'est pas mon problème.

J'arriverai fraîche et sereine, et moi aussi je le dirai : « Vive les vacances. »

VAE

Validation des acquis de l'expérience... Vaste programme qui ferait bien de s'appliquer aux années de mère au foyer...

Mais qui voudrait d'un Bac +2 de laçage de chaussures avec une seule main, d'un BTS de surveillance de baignoire, d'un DUT de nettoyage des sols ? J'ai beau me retrouver avec un Bac +10 en gestion des conflits à la noix, Bac +8 de gestion de la fatigue, maîtrise en dérapage des plannings et culture de la zen attitude, je ne vois pas qui ça intéresse. Au contraire, aux yeux de beaucoup, tout cela tiendrait plutôt de l'expérience négative, à laquelle il faudrait mettre fin d'urgence. Pour enfin rentrer dans un cursus positif. Ou même pire, tout cela pourrait se révéler une opération de perte sèche d'argent pour la nation, comme me l'a fait remarquer un médecin, faisant référence à mes vrais diplômes Bac +5 : « Vous ne travaillez pas avec ces études ? Vous faites perdre de l'argent au pays. » « Et combien ça coûte au pays en crèche, cantine et garderie de faire garder vos enfants pendant que vous travaillez tous les deux ? » me suis-je contentée de lui répondre. Demandez à une directrice de crèche parisienne ce qu'elle en pense. Mais voilà, la dette nationale vient d'être avouée aux informations nationales, et elle est rapportée par tête de pipe. Un instant, je culpabilise que la famille soit aussi nombreuse : voilà, nous augmentons en effet la dette. Honte à nous ! Non, honte plutôt à ceux qui font ce genre de calculs. Ceux-là mêmes dont mes enfants au travail financeront la retraite pendant que moi je n'en aurai pas ou si peu. Alors un peu de respect, s'il vous plaît. J'entretiens avec soin et compétence, application et dévouement, le jardin de vos futures vaches à lait.

AUTOMNE

La routine tente de reprendre possession des lieux. Elle peine cependant. Moi aussi.

Pouce, pouce, pouce !

Tiens, cela me fait penser : vous souvenez-vous de ces petits jeux plats, sortes de puzzles de petits carrés glissant les uns contre les autres grâce au carré manquant ? Pouce, pouce, pouce, les pouces poussent pour remettre chacun à sa place. Quel dessin se cache derrière cette mosaïque ? Pouce, pouce, pouce, il faut être subtil : pour mettre un carré à sa place, il faut parfois en mettre un ou deux à la sienne avant de l'y récupérer. Et mystère, les trois derniers semblent souvent irrémédiablement inversés.

Pour moi, le rangement de la maison, c'est bien pareil…

Pouce, pouce, pouce, si je veux ranger une bricole, tout est à revoir. Une cuillère à mettre au lave-vaisselle ? Zut (!) Il est propre ! Mais pour le ranger, il faut dégager la table. Dans l'évier ? Non, il n'y a plus de place, alors commençons par la vaisselle à la main… qu'il est impossible de faire sécher dans l'égouttoir débordant de vaisselle qu'on ne peut pas entreposer sur la table. Pouce, pouce, pouce. Et ma vieille copine m'appelle à ce moment-là, ce qui est beaucoup plus passionnant.

Je veux ranger le salon ? Pouce, pouce, pouce, alors commençons par la cave pour pouvoir y descendre la vaisselle surabondante, etc.

Et il reste toujours des nids irréductibles que je ne réussis jamais à résorber, pas plus que je n'ordonne mes trois derniers carrés…

Une paire de fois, j'ai explosé ces fichus puzzles en crochetant le tout par le trou pour les remettre en place une bonne fois pour toutes. Je n'ai pas trouvé la manœuvre parallèle pour la maison. Et puis c'est désespérant la règle du 90-10 10 % de temps pour ranger 90 % de la maison ; les 10 % de « plancton » qui restent n'en finissent pas de me pourrir la vie.

Comme l'image qui se reconstitue, j'ai des indicateurs : moins de chaussettes célibataires, mais surtout, la famille de petits oursons en plastique de mon aîné, habituellement décimée, semble reprendre forme. Il y en a vingt, de cinq couleurs différentes, et je les aligne par couleur, un peu comme les traits de lumière d'une chaîne hi-fi. Quatre traits partout = maison rangée !

Depuis le temps, j'assume mais je filoute : dans une pièce dérangée, je m'attaque juste à une petite zone en espérant que chacun s'y reposera les yeux. En attendant, la plus charmante remarque que j'aie entendue d'un ami face au perpétuel cirque de l'entrée : « Tu ranges ? » M'a-t-il aimablement demandé… C'est vrai, je ne fais que cela et ce n'est pas moi qui dérange le plus ! Parce que si c'est toujours le bazar, ce n'est pas parce que je ne m'y mets jamais ! J'y passe mon temps, mais ça ne suffit pas. C'est comme d'être en retard. Avant, quand j'avais cinq minutes de retard, je me disais que j'aurais pu être à l'heure. Maintenant, je me dis que c'est un miracle de n'avoir que cinq minutes de retard…

Alors je me fais à cette marée chargée de bois flotté qui monte autant qu'elle descendra pour remonter encore plus ensuite. Avec des coefficients variables : grandes marées en septembre avec la rentrée, petits coefficients au printemps avec le soleil et l'envie irrépressible qu'il donne de faire ses vitres.

Mémento

Mais où sont mes clés ?

Dans mon sac à main.
Dans un de mes autres sacs à main.
Sur la porte d'entrée à l'extérieur.
Dans la poche de mon manteau, de mes vêtements.
Dans la poche d'un autre manteau, d'un autre vêtement.
Sur le contact ou dans un rayon de la longueur du bras autour (vide-poche, portière, cendrier…).
Dans le coffre de la voiture (dans mon sac, le tout enfermé à clé par vous ne savez quel tour de passe-passe).
Dans la benne à vêtements dans laquelle je viens de balancer trois jours de tri.
Par terre dans l'entrée avec les chaussures.
Sur le guéridon de l'entrée ou du palier.
À côté du téléphone.
À côté de l'ordinateur.
Dans la bouche du petit dernier.
Dans la poche de l'avant-dernier.

Mais où est son doudou ?

Dans la rue, abandonné. Oui, c'est la fin de vos bonnes nuits.

Dans le siège auto ou au sol dans la voiture. Ou entre son siège auto et celui de la grande sœur.

Dans son lit, un peu caché.

Dans le coffre de la voiture à roulette ou la benne du tricycle ou la machine à pain.

À côté du pot.

Dans le coffre à jouets.

Dans le linge sale.

Sous le bureau.

Entre la chaise haute et le mur dans la cuisine.

Là où je ne penserai jamais à le chercher.

En orbite.

Exactement là où elle vous dit entre deux sanglots. Oui, il suffit parfois de demander.

Les chapeaux

J'ai une grande expérience en avalage de chapeaux. Il y a les avaleurs de sabres, moi, je suis avaleuse de chapeaux. Dans ces deux disciplines, il est surtout question d'entraînement, d'astuce, de dextérité et surtout, de port de tête. Il y a celles qui perdent les eaux en faisant leurs courses ou qui se retrouvent enfermées en peignoir dehors, parce qu'elles étendaient du linge de bon matin et qu'un courant d'air a décidé de mettre leur flegme à l'épreuve. Un jour, je devais récupérer une commande au rayon boucherie et je me revois, attendant sans succès, avec la dernière encore minuscule hurlant plus fort que la musique et deux autres s'égaillant, balançant des insanités aux consommateurs réprobateurs. Je les mets en cage dans le caddie et me retrouve assise par terre en tailleur, entre les rôtis et les dindes, pour donner la tétée en pestant contre cette gorge de porc hachée qui n'arrive pas. Très important : garder la tête haute et fière. Au moins, votre vie est pleine d'aventures ! Et surtout : regarder les gens dans les yeux... C'est encore le meilleur moyen de faire fuir la pluie fine de regards inquisiteurs qui s'abat sur vous !

Ce jour-là, je crois que j'aurais aussi pu faire la manche...

Allaiter, encore

Oui, elle n'a plus six jours et pourtant je la nourris encore. Elle a du mal à accepter autre chose que le lait de sa maman, ce qui me vaut des « mais maman, elle veut téter ton lait » excédés des deux grands.

J'allaite encore et ce n'est que du bonheur. Parfois, sa petite tête aux cheveux doux ronronne, chantonne même. Elle semble apprécier ces moments uniques d'intimité et heureusement que ses repas nous en offrent. Elle est tellement gentille que si je ne la nourrissais pas, je crois que le rythme effréné des journées ne lui laisserait que quelques minutes dans mes bras. Je n'imagine pas quand même qu'elle puisse un jour marcher vers moi, soulever mon tee-shirt et brailler « à boire aubergiste », mais même cette limite s'estompe un peu. Oui, c'est si bon…

Puis un jour, elle tétera en tournant la tête. Comme si sa soif de voir le monde était plus grande encore. Elle regardera avec passion le contenu des assiettes des grands. Elle saura me dire que ses ailes ont poussé et qu'il est temps de passer à autre chose. Et moi, je trouverai aussi que cette dépendance me pèse, que cette image n'est plus la mienne, qu'il est temps de passer à autre chose. Et ces mouvements synchrones s'ouvrent vers l'infini.

Goûter

Il est l'heure cette fois, depuis une heure qu'on me la demande toutes les cinq minutes en guettant le fatidique « 16 » ou « 4 » qui ne me laissera aucune échappatoire. Il est l'heure, alors je dispose sur la table boissons et gâteaux, bats le rappel et file m'installer pour une tétée qui promet d'être au calme. L'ex petite dernière sans doute moins affamée que ses deux aînés, continue à jouer un peu avant de rejoindre la table familiale.

– Ho ! Te voilà ? Heu… Mange les miettes ! Tiens, elles sont grosses.

– Il y a même du chocolat dessus !

– Tu veux qu'on fasse un puzzle ?

Les efforts des deux grands pour masquer leur gloutonnerie sont réels, mais le régime sec qui se profile aussi. Je me relève, bébé téteur branché, pour attraper de ma main libre un second paquet de gâteaux. J'ai bien envie de demander aux deux grands s'ils n'auraient pas pu penser à leur petite sœur, mais me revient la réponse dans une blague Carambar : « Ho, si ! J'y ai pensé tout le temps ! Je me suis dit : "Pourvu qu'elle arrive pas avant que j'aie tout fini !" » Je souris et constate qu'ils semblent rassurés de voir que petite sœur ne restera pas le ventre vide. Ils n'étaient donc pas fondamentalement mal intentionnés, mais disons qu'ils ont fait preuve d'étourderie. Ou d'« étournerie » plutôt, car comme les étourneaux qui s'abattent sur un champ, la seule question est d'en avaler le plus possible dans un minimum de temps, sans se préoccuper du voisin et avant qu'un épouvantail d'1,60 m vienne gâcher votre plaisir…

Jardin public

J'ai passé la journée à ranger, briquer, trier et à l'idée seule de les imaginer rentrer de l'école dans ce sanctuaire suisse, je sens déjà la moutarde me monter au nez… L'été indien m'offre une parade : à la sortie de l'école, jardin public ! Il va suffire de partir une demi-heure à l'avance pour trouver une place pour garer la familiale (même une place payante, tant pis, ça n'a pas de prix…), acheter un goûter et le tour sera joué.

Et voilà la horde ainsi détournée de son pillage, avec un bonheur qui me fait juste penser qu'il faudrait peut-être faire ça tous les jours… Sauf ceux avec devoirs… Sauf ceux de covoiturage, sauf ceux avec rendez-vous médical… Sauf ceux où il pleut… Sauf ceux où il fait trop froid… Bref, profitons-en aujourd'hui…

Bien sûr, à tous les traîner, je ne suis pas la première arrivée, mais ô miracle ! une place se libère, sur un banc propre dans un doux rayon de soleil. Il est dominé par un splendide cerisier du Japon dont les boules denses de fleurs en feraient presque oublier la couleur triviale. Centralisation des cartables, distribution des goûters, boissons et consignes draconiennes. Ma couvée s'éparpille gaiement au milieu d'une nuée marmailleuse qui semble faire bon ménage.

Je ferme les yeux et me laisse pénétrer de cette tiède chaleur et de cette douce inaction obligatoire. Les bruits et piaillements se fondent peu à peu dans mon esprit. C'est peut-être la mer agitée par beau temps qui bat la falaise dont les mouettes jaillissent en criant. Ou le brouhaha sur la plage de la nappe d'estivants attendant le feu d'artifice du 14 juillet.

Des petites feuilles me chatouillent le visage, comme les pétales des cerisiers du printemps dernier, si loin maintenant. Je repense à ce moment où j'étais encore ronde et impatiente, sous ce vent d'étamines.

Sous un cerisier en fleur,
J'ai retrouvé l'hiver,
Tout au fond de mon cœur,
L'été s'est découvert.

Il neigeait des pétales
Sous un ciel bleu intense,
Le printemps nous régale
De caprices d'enfance.

Le vent malin jouait
À tromper les saisons ;
Les gens s'y méprenaient,
Négligeant la raison.

Sous un cerisier en fleur,
J'ai découvert le rêve,
La douceur, le bonheur
D'une courte trêve.

L'odeur de cigarette d'une nouvelle voisine me rappelle à la réalité…

Il était temps. Il est à moi celui qui hurle en haut du toboggan, frais mordu par un petit malotru. Bien entendu sa mère se cache honteuse derrière sa revue… au mieux ! C'est plus probable qu'elle n'ait rien vu et possible qu'elle soit fière que sa progéniture s'impose si bien dans notre monde impitoyable. Je braille au cannibale qu'il faut avoir très faim pour faire un truc pareil et que ça doit être sa mère qui ne sait pas cuisiner ou son père qui l'a privé de repas. Le sale gosse rigole, mais petit chéri reste perché en hurlant… Mince. Ce serait un chat en haut d'un arbre, on appellerait les pompiers, mais là, il va bien falloir que j'y aille. Évidemment, jupe droite, talons hauts. Et c'est pas un papa qui me filerait un coup de main. Plutôt se placer dans l'axe de l'échelle… Enfin, je me paye un tour de toboggan avec plaisir, pas question de redescendre par l'échelle. Vite, il est temps de rattraper l'avant-dernière qui filtre le sable de ses dents et tripote un vieux pansement à offrir en trophée à bébé sœur, de sommer l'aîné de cesser son match de foot ou plutôt sa révision intensive de tous les jurons en vogue, et de localiser la seconde.

De localiser la seconde…

Et là, panique intense, toutes les mamans connaissent. Mes poils se hérissent, mes bras mollissent et les meilleurs moments de dix ans de séries policières défilent en feu d'artifice dans ma tête. Ma si jolie petite fille est invisible.

Sa petite voix perce le brouillard : « Elles sont jolies, maman, les fleurs sur tes chaussures. » Elle était à mes pieds, et je ne la voyais pas. Pas plus que je ne perçois le bonheur et la chance que j'ai d'avoir quatre enfants quand ils sont dans mes pattes à l'heure du dîner et du bain…

PRENDRE DE LA HAUTEUR
PROFITER DES BONS MOMENTS

Dire sa fatigue

Oui, il y a quand même une bonne accumulation de fatigue et j'ai besoin de la faire savoir.

Mais je vois bien que traîner une mine de chien en se plaignant ne mène pas à grand-chose. Alors, tant qu'à me plaindre, je vais le faire désormais avec style et élégance.

En acrostiche :

Mère admirable
Aux mains de fées
Maudit souvent
Arts ménagers,
Nuits écourtées.

Quand je dirai « Ô Fatigue, lâche-moi les baskets », ce sera une allégorie. Quand je grommellerai « Si tu te reposes aujourd'hui, demain tu trimeras », ce sera un chiasme, car j'aurai trouvé ça moins banal que l'axiome « Ce que tu n'as pas fait aujourd'hui, tu le retrouveras demain. »

Quand je proclamerai : « Le ras-le-bol, ce sont les tâches répétitives ; les tâches répétitives, c'est le quotidien ;

le quotidien, c'est ce dont il faut réussir à s'échapper », ce sera une anadiplose.

Je noterai subtilement que « rangée et enragé » sont des anagrammes.

Qu'on se sent belle d'ainsi se plaindre, qu'on se sent belle, incroyablement. Anaphore et hyperbate, pour ce que j'ai repéré.

Quant à mon mari, si d'aventure certains jours je devais constater, belle antithèse, que bien qu'il soit là son absence est criante, il aura peut-être droit pour la fête des pères, à une anaphore sur mesure :

Jules mon amour, Jules mon désespoir,
Jules mon dernier recours,
Jules mon exutoire.
J'ai un Jules, c'est mon mari,
J'ai un Jules, c'est mieux que rien.

Oui, je le redis haut et fort, et c'est un aphorisme : « On ne s'en sortira pas tant que *nos maris n'y mettront pas un peu du leur.* » Au passage, c'est aussi une litote : utilisation d'une expression suggérant beaucoup plus que ce qu'elle dit réellement.

Je peux aussi tenter une autre approche en fin de compte, le chleuasme : « Je ne suis qu'une grosse incapable de tenir la maison. » Et s'il ne bronche même pas, ou dit simplement « Mais non, tu n'es pas grosse » ou « Mais non, tu n'es pas incapable », il aura ruiné mon chleuasme, « auto-dépréciation en vue d'obtenir une réfutation implicite de la part de son ou de ses interlocuteurs ».

Passons à la fratrie idyllique que je tente d'élever. Devant l'antinomie naturelle d'une telle appellation, je tenterai plutôt qu'une ineptie, une anastrophe : « De désespoir vos chambres, les enfants, mourir me font. » Ou mieux encore, une analepse : « Hier vous m'aviez dit que vous aviez rangé. C'est en tout cas ce que vous avez affirmé. Je savais déjà à quoi m'en tenir. » Peut-être me contenterai-je d'une onomatopée : « Grrrmfffff! PIF PAF. »

Quant au traditionnel « Les enfants rangent leur chambre », je signale au passage qu'il s'agit en général d'une antilogie.

Oui, sachez-le, je ne me plains pas, je fais des effets de style. Et même si je craque en hurlant : « Continuez et vous aurez ma peau », sachez voir derrière cette parole mémorable exprimée de façon claire et concise, un apophtegme.

Test : avez-vous assimilé la leçon ?

« Ma maison est un chalet suisse » est :
1. un mensonge
2. une hyperbole
3. une litote
4. une réalité géographique

Réponse : c'est une réalité géographique pour quelques Suissesses qui pourront donc se vanter pour pas cher. Une litote pour celles pourvues d'un TOC les poussant à laver et désinfecter du sol au plafond et chez qui on peut lécher par terre. Et pour la majorité d'entre nous, c'est un mensonge, voire une hyperbole le lendemain de notre grand nettoyage de printemps…

Le pourquoi des bébés

Pourquoi je souris aux anges bien avant de sourire à mes frères et sœurs ?

Je crois que j'ai raison de me méfier encore un peu de cette horde déplumée…

Pourquoi je cligne de l'œil quand je tète ?

Parce que mon autre œil est fourré dans la pince du soutien-gorge d'allaitement et que ça me gêne.

Pourquoi je hurle quand on m'installe dans mon siège auto ?

Parce qu'il y traîne une figurine de mon grand frère.

Pourquoi papa et maman pensent que je confonds le jour et la nuit ?

J'ai compris que la nuit on s'occupait vraiment de moi, sans être dérangée par les autres.

Pourquoi papa et maman disent toujours « c'est les dents » dès que je pleure ?

Je me demande bien… Pourtant, j'en ai pas encore des dents, alors je peux pas m'être mordue !

Pourquoi je hurle dans ma chaise haute ?

Regardez un peu les traces sur mes mollets : j'en connais d'autres qui ont des dents et qui ont pris mes petits mollets innocents qui pendouillent pour des jambons mobiles !

Les doudous

Il y a des doudous couches, des doudous ours, lapins, chiens, souris ou baleineau, des doudous couvertures, doudous poupées ou tee-shirts… On repère en général très rapidement un doudou expérimenté à son absence de couleur, son manque de consistance, sa déliquescence de matière, et surtout, son odeur. Quant à son nom, mieux vaut ne pas en parler et se contenter du générique « doudou » plutôt que de sombrer dans le ridicule.

Des formes variées, mais une grande constante : un doudou est *in-dis-pen-sable.* Ce qui le rend insupportable aux papas.

Les théoriciens s'étant penchés (avec dégoût sans doute) sur la chose, ils en ont conclu que derrière ce piètre mot se cachait en fait un « objet transitionnel », choisi souvent vers 8-9 mois, à un âge ou l'anxiété de se séparer de sa mère serait telle qu'elle nécessiterait l'adoption d'un chimpanzé ou d'un lutin quelconque pour la remplacer. Quel discernement ! Mais voilà que l'objet de remplacement devient un objet irremplaçable… Vous aussi vous vous réveillez en sueur en plein cauchemar à l'idée de le perdre. Et la transition une fois consommée, le doudou devient plus important que maman puisque bébé peut s'endormir sans sa mère alors qu'il est incapable de le faire sans son sacré doudou. On est parfois remplacé par bien peu de choses…

Chronique familiale des doudous

Une de mes sœurs a eu ainsi pour fétiche un hibou autophage. Lorsqu'il était définitivement hors d'usage, maman procédait à la cérémonie de l'avalement, avec autant d'égards que les Malgaches retournent leurs morts. Il s'agissait, devant la propriétaire, de coudre un nouveau hibou et d'y glisser l'ombre du précédent avec un rab'de bourre, pour le requinquer.

L'illustre lapinou de mon frère a même une chanson, créée par mon père, et la tortue (à étiquette !) d'une autre sœur possède des nuées de petites sœurs en bois, en paille ou en écailles.

J'avais quant à moi un gros nuch', gros nounours assis au coin de mon lit. Il se trouve que mon mari avait son frère jumeau, ce qui porte à l'aube de nos vies nos points communs.

La saga continue avec les doudous des enfants.

Mon aîné avait adopté tout petit sa « nourrice africaine », chien brun foncé sympathique avec une tête en forme de sein et dont il tétait vigoureusement le museau en cas de défaillance maternelle. Nous avions soigneusement fait disparaître les candidats peu esthétiques à l'élection, histoire de ne pas avoir à nous trimbaler trois bonnes années avec une grenouille vert pomme hilare ou une prune violette, fort joviale au demeurant. Une fois sevré, il a préféré un joli lutin.

Le choix semblant ferme, je me suis alors précipitée pour acheter un double à cette peluche dont la cote montait en flèche. Mission impossible… Nous avons donc acheté une série de petits ours assez semblables et l'avons berné pour assurer nos arrières, cachant l'élu de son cœur puis le faisant disparaître. Fiers de ces doubles, nous nous en sommes trop vantés puisque le cher petit a par la suite exigé toute la famille de doudous, du papa au cousin, pour s'endormir… Erreur tactique : ne jamais faire savoir qu'un remplaçant existe !

Seconde erreur tactique : avoir un jour ressorti le doudou lutin déjà usé de l'aîné… sur lequel sa petite sœur s'est jetée à huit mois pile, comme dans les livres, ne le quittant plus jusqu'à ce jour. Elle tétait son étiquette avec frénésie, l'entourant d'une auréole noirâtre fort appétissante. L'étiquette disparut un jour, véritable mutilation, et je la remplaçai par une étiquette plus petite, placée à un autre endroit pour diluer la saleté. En renouvelant volontairement l'opération, l'étiquette s'est peu à peu évanouie et le fiel aussi.

La troisième n'a pas failli à la tradition puisqu'elle a adopté tardivement une ancienne peluche de son grand frère. Elle a su crier « Doudou ! Doudou ! » en s'endormant, bien avant d'en avoir un : suivant l'exemple de sa sœur, elle a appris ce cri nocturne de la guerre des nerfs. On a cherché longtemps ce qu'elle voulait avant de comprendre que c'était du mimétisme. Maintenant, elle crie très bien « je ne me suis pas lavé les dents », « j'ai soif ! » ou « pipi ! », ce qui évite toute confusion. Très autonome, elle le met maintenant volontiers elle-même dans la machine à laver, ce qui m'oblige à une certaine vigilance avant de remplir le tambour, comme avec le chat de mes grands-parents. Dieu sait quel drame engendrerait un ébouillantage ou une décoloration de doudou…

Quant à notre petite dernière, elle adoptera d'ici quelques mois un indispensable doudou lapin et franchement, ce sera frustrant de la voir mieux consolée et rassurée par un morceau de chiffon que par les bras de sa mère.

On constate aussi, au fil des discussions, que la ruse des parents pour rester maîtres de la situation est multiforme :

- Recherche précoce d'un doudou de secours, voire recherche tardive sur Internet puisque des sites entiers sont consacrés à des parents éplorés décrivant avec amour l'objet perdu et suppliant un inconscient propriétaire d'un tel trésor de leur envoyer sans attendre et « à n'importe quel prix ».
- Chirurgie réparatrice en cas de dommage.
- Lifting ingénieux lorsque l'âge détend la peau et lui fait perdre sa qualité.
- Désencombrement. Par ce terme, on entend les opérations visant à amoindrir le volume initial de l'élu. De la suppression d'étiquette à la réduction méthodique, chacun risque de s'y reconnaître. Du doudou-couverture dont on coupe un morceau régulièrement jusqu'à faire la taille d'un mouchoir (et de nombreux doublons au passage) jusqu'à l'achat de la mini peluche assortie : « Hoooo ! Doudou a rétréci pendant la nuit. »
- En cas de perte, événement insurmontable et traumatisant, réactions fébriles allant jusqu'au mensonge caractérisé et à l'envoi de lettres ou de messages par l'animal en voyage.

Mais ne prenons pas nos enfants pour des imbéciles. Tout cela est un peu un marché de dupes et ils acceptent avec discrétion nos vagues manœuvres face à cet invité d'honneur ou, plutôt, cet objet de tourment et de manipulations, pour un camp comme pour l'autre… Car si un doudou est parfois tout simplement essentiel, il est assez fréquemment objet de chantage. Et si son étiquette peut être plus importante que le doudou lui-même, le plaisir qu'ils ont à nous le voir chercher partout avec anxiété à l'heure du coucher peut leur donner autant de satisfaction que le doudou lui-même. Alors, comme beaucoup de parents, nous tentons de cantonner cette famille parallèle à sa fonction de transition pour l'enfant par rapport à sa maman, plutôt que de les laisser opérer chez nous une transition subtile entre amour et esclavage.

Petites annonces

Cherche autant de paires de chaussures de bonne saison et de bonne pointure que de paires de pieds à l'heure de partir.

Cherche chaussures auto-liées ne pouvant physiquement se séparer de plus de 1,50 m.

Cherche couple jeune, oisif et sans enfant, mais adorant les enfants quand même, pour s'occuper de quatre enfants en permanence pendant un mois, renouvelable 12 fois.

Cherche batteries rechargeables automatiquement à 19 heures pour mari cuit.

Cherche voiture autonettoyante, servant des repas sur commande en cas d'urgence et garantie à vie sans panne et sans entretien.

Cherche, sur modèle machine à pop-corn, machine à nouilles-riz-frites express.

Cherche bonnet de bain du cinq ans, livre de poésie de CP, carte Pokemon 130 et doudou beige pour dans trois minutes. Ersatz, s'abstenir.

Cherche la méthode d'alto depuis trois semaines, les livres empruntés à la bibliothèque depuis deux relances.

Cherche encore et toujours quelque chose.

Cherche je ne sais plus quoi mais suis pourtant arrivée très décidée dans cette pièce.

Cherche maîtresse de maison motivée et bénévole pour faire mon travail à ma place. Confitures maison, aquarelles et reconnaissance éternelle en échange.

Cherche collier ludique, féminin et élégant, non toxique et incassable.

Cherche escarpins raffinés à pointe renforcée pour se protéger des freins de poussette.

Revends aspirateur pouvant désormais servir de chauffage d'appoint.

Revends 25 grenouillères du 6 mois pour cause nombreux cadeaux similaires.

Revends transat adulte sans emploi.

Revends, cause sous-dimensionnée, machine à laver 5 kg.

Revends blocs de WC « à garder hors de portée des enfants ».

Revends bouées « à n'utiliser que là ou l'enfant a pied ».

Offre service d'assiettes dépareillées, couverts désassortis et service de verres hétéroclites, suite vie de famille animée.

Offre 120 chaussettes célibataires à unité scoute désirant bricoler une chorale de marionnettes pour son spectacle de Noël.

Migration

Je ferme les yeux et fais la morte. Dans mon grand lit, en ce matin frais, j'écoute la maisonnée tourner sans moi depuis un bon moment. Ça babille, ça papote, ça bruisse et ça crapote. La télé est allumée, bien sûr, puisque je ne suis pas là pour l'éteindre. J'entends les discussions des enfants entre eux. Il suffirait que je sorte de ma retraite matinale pour qu'ils se disputent, s'embrochent et se honnissent publiquement, cherchant sans doute dans mon arbitrage le signe d'une préférence. Restons donc endormie... Le volet est ouvert et j'aime ce moment de jour encore plongé de sommeil. Un cri me fait ouvrir les yeux : un vol de canards traverse le ciel, en route pour son long voyage, et le chef de file doit appeler la relève qui ne se fait point attendre. Quel beau relais. Et quelle chance pour moi de rester ici au chaud, de ne pas avoir besoin, à chaque saison, de plier bagage vers des contrées au climat plus clément...

Pensée émue pour la baleine grise qui doit bouger ses 36 tonnes incrustées de balanes et infestées de poux de 2,5 cm. Jusqu'à 450 kg de parasites la suivent dans son périple, soit trois fois plus que les bagages inutiles que je charge dans le coffre à chaque départ... Et son petit de trois mois sous le bras, elle doit migrer de 10 000 km, au milieu des orques concupiscents et des chasseurs qui l'ont baptisée « poisson du diable », tant elle défend son petit en cas d'attaque. Quelle mère méritante, produisant plus de 250 litres de lait par jour pour donner la force à son petit de traverser le globe… Il est temps de sortir de ce lit protecteur, vaste hypocrisie quand on pense à la vie de mammifère tranquille que je mène, dans un pays en paix, et avec la chance de ne pas avoir à reprendre le travail d'urgence. Je me sens assez coupable d'avoir autant traîné, et le vol suivant de migrateurs appliqués me rappelle définitivement à l'ordre.

HIVER

Beaucoup n'aiment pas l'hiver, le froid, la neige. Moi, j'aime cette saison chaleureuse à l'intérieur, calfeutrée et silencieuse, un peu mélancolique mais tournée vers l'avenir. Cette saison pendant laquelle, sans bruit, sans qu'on y prenne garde, le printemps puise ses racines.

Mes petits sont autour de moi, calmes dans la même pièce par ce jour de pluie glaciale et je pense au silence des flocons et au bonheur d'être ensemble. Je me love dans le canapé, pour donner une petite tétée. La seconde nous rejoint pour profiter de la chaleur. Toutes les deux, nous profitons de la petite sœur. Déjà nostalgique, je lui glisse :

– Tu sais, il faut en profiter d'avoir un bébé à la maison parce qu'un jour, il n'y en aura plus.

Elle plisse les yeux et fronce les sourcils, interrogative et soudain, son visage s'illumine :

– Ha oui ! Peut-être que tu l'auras jeté à la poubelle !

Si l'on savait tout ce qui traverse la tête des enfants et qu'ils ne disent pas toujours…

Le froid m'envahit même si mes petits sont là, avec leurs ondes de bonheur qui rayonnent jusqu'à moi.

Par-dessus l'épaule

J'ai quitté mon travail et l'opinion sociale que j'avais de moi. Et pourquoi donc? Pour accomplir la tâche romanesque, pieuse et sacro-sainte de me consacrer à mes enfants.

Vraiment, quelle idée…

Me voici six ans plus tard, abasourdie, regardant moqueuse l'idéaliste d'il y a quelques temps, la fleur au fusil. Chantant, les nattes au vent, pour s'engouffrer en musique dans la gueule du loup.

J'ai tout quitté pour m'occuper de mes enfants.

Tout quitté : vie rythmée, salaire et pas des moindres, considération patronale et syndicale, promesse de retraite, label « vie normale » et Dieu sait si c'est confortable.

Pour m'occuper de mes enfants : c'est la dernière chose que je fais… Priorité : rangement, ménage, lessive, trajets scolaires, rattrapage d'âneries diverses, devoirs en hurlant d'une pièce à l'autre pendant que je « donne » le bain. Franchement, je ne m'occupe pas de mes enfants, je les gère. Et encore. Le bilan est dur et la réalité moqueuse. J'ai donc fait tous ces sacrifices pour rien. Non. Je les ai faits dans un but et il n'est pas atteint. Et j'aurais pu avoir mes enfants sans arrêter de travailler si la vie en avait décidé autrement.

Alors que dire ? Simplement que j'ai quatre enfants. Qu'importe le reste.

Car ça, c'est une réussite ! J'en frétille de bonheur de repenser à chacun. Le souvenir de leurs derniers sourires chatouille le mien et celui du plaisir nocturne d'entendre leurs souffles endormis à travers la maison assoupie m'envahit de quiétude. L'idée saugrenue que j'en ai trop pour bien m'en occuper m'effleure parfois. Mais je fonds de bonheur de leurs quatre visages et l'idée même qu'il pourrait en « manquer » un me laisse orpheline. Parfois alors, je m'égare un instant dans un labyrinthe de fantômes. C'est vrai ça ! Si nous avions eu celui-ci plus tôt ou plus tard, ce serait un autre… Si, si et si… et la famille virevolte comme un grand panneau d'aérogare claquant sans cesse et sans répit, au gré des retards et des vols annulés. Il y a des vols réguliers, prévus de longue date, les charters bourrés de gens sympas, vers quelques destinations qui font rêver, remplis pourtant de PDG et de quelques tongs égarées dans un trajet sans paillettes. Et il y a mes enfants et tous mes enfants. Affichés dans mon cœur comme autant de certitudes que c'était ceux-là qu'il fallait prendre, puisqu'ils nous attendaient.

1... 2... 3... 4

J'ai l'impression que le train est reparti, un peu grinçant au départ, heurtant les wagons.

J'ai la tête qui compte jusqu'à quatre pour les câlins, les départs précipités, les anniversaires et les bains, mais toujours trois pour les assiettes, les punitions et les maillots de bain. Il est encore temps...

Quatre enfants, c'est pas tant que ça, mais visiblement, certains ne peuvent s'empêcher de faire des réflexions idiotes. La palme d'or revient à celle à qui j'annonçais ma quatrième grossesse et qui s'est exclamée du tac au tac : « Ha bon ? Mais c'était programmé ? »

Là, je n'ai toujours pas trouvé ce qu'il y aurait eu à répondre à ce compilé d'indiscrétion et d'indélicatesse[1]...

J'adore aussi les compatissants qui se manifestent au supermarché. Mesurant l'équilibre chancelant du caddie et l'excitation générale, ils se décomposent à ma place et se contentent en général d'un « ma pauvre » qui surprend les enfants. « Pourquoi elle dit "ma pauvre" la dame ? » C'est vrai franchement, le caddie est plein ! On ne meurt donc pas de faim !

1. Si, après six ans de réflexion, j'ai trouvé : « Mais madame, ne me parlez pas comme à votre machine à laver ! »

Mention spéciale aux nombreux planificateurs qui se manifestent à tous les niveaux du parcours.

Après le numéro deux : (*ferme*) « C'est bon ! Vous avez le choix du roi ! »

Après le numéro trois : (*étonné*) « Trois ? Ha bon ! Enfin maintenant c'est bien ! »

Après le numéro quatre : (*paternel ou médical*) « C'est bon, là. »

Oui, messieurs dames. C'est bon, c'est très bon et c'est pour cela qu'on recommence…

Concurrence

Ça y est, je pique une crise syndicaliste. J'essaye de me donner de bonnes excuses pour me plaindre. Car c'est vrai qu'il y a de quoi se sentir véreuse de ronchonner. Honteuse d'en être à revendiquer du temps pour soi. Je repense souvent à cette femme cambodgienne d'un reportage, suivant chaque soir son mari sur son chantier consistant à creuser un trou pour enfouir un câble. Il devait payer un droit de travail, sans savoir s'il gagnerait assez pour le rembourser, et sa femme chassait les crabes dans les fossés pour agrémenter le riz familial, avec ses cinq petits en grappe pincés sur sa robe. Puis tout le monde dormait sous une bâche en attendant le lendemain.

Alors je pense, une cuillère d'argent dans la bouche, à quelques vraies raisons de ce mal-être : tout entourée de ma marmaille, je me sens très seule au quotidien, surtout face aux tâches ménagères. Je ne regrette pas le temps des lessives de village au lavoir, mais, au moins, elles donnaient une occasion de rencontre, de corvée commune. Nous avons beaucoup gagné avec la machine à laver, mais beaucoup perdu avec le lavoir ! Dans beaucoup d'endroits du monde encore, les femmes se rencontrent quotidiennement, se parlent, les générations s'entraident. J'ai l'impression d'être dans une cellule capitonnée, d'or d'accord, mais avec ce sentiment d'être seule face aux responsabilités domestiques.

D'autant plus seule que j'ai choisi de cesser toute activité professionnelle et que l'entourage considère donc « qu'à ce prix », on n'a qu'à s'en sortir seule…

Alors que vous êtes sur l'autoroute sociale de l'inexistence, le salut, du moins la reconnaissance, n'est à attendre que des enfants semble-t-il. À l'occasion, j'en rajoute un peu. Par exemple, devant les jeux télévisés aux questions culturelles en tous genres. Mon aîné peste toujours quand ce sont les filles qui gagnent, mais, alors qu'il encourage la gent masculine, je m'évertue à donner les réponses en abondance et plus vite que les participants. (T'as vu, hein, ta mère!) Cela me vaut parfois un regard admiratif. Ça ne remplace pas un patron satisfait, mais finalement… c'est pas mal non plus!

Je revois aussi une scène jubilatoire un mercredi après-midi. Cet aîné de garçon avait invité un petit ami et j'avais confectionné pour l'occasion des gâteaux au yaourt. Recouverts d'un glaçage (tout fait, acheté en pot!) et constellés de bonbons, l'effet était de taille. Et j'entends mon rejeton faire l'article à son copain puis conclure, sûr de son coup : « Elle te fait des gâteaux comme ça, hein, ta mère? » « Non … », doit avouer le piteux convive.

Et moi, je me régale… de la scène.

Je donne tout à mes enfants, ils sont mon seul et unique univers et je m'effraye d'en attendre autant…

Mes recettes maisons

La tarte aux pommes

Prendre deux belles pommes épluchées par maman et s'installer énergiquement avec planche et couteau à côté de la pâte dans son moule. Hacher menu la première pomme et la répandre par terre. Hacher grossièrement la seconde et la réduire en purée à grands coups de planche à découper. Renverser sur la pâte un grand verre d'eau qui traînait sur la table. Filer vite fait.

Alors évidemment… avoir une mine stupéfaite une heure plus tard en voyant la tarte sortir du four, magnifique, appétissante. « Ho ! Un bon gâteau ! » Il y a de quoi être surprise en effet.

Le gâteau au chocolat

Faire fondre du chocolat et du beurre. Lécher. Battre six blancs en neige. Lécher. Faire mousser jaunes et sucre. Lécher, lécher. Mélanger le tout, lécher, lécher et en renverser sur maman. Proposer aimablement de lécher maman. Lécher maman. Air ravi « c'est bon doigts maman ! »

Le pain de fesses

Faire un gros pain maison. Le laisser monter une première fois, sans le laisser déborder dans le radiateur, grand classique de la pâte à pain mise au chaud sur cet objet impossible à nettoyer en cas d'accident…. Puis, le pétrir, former une boule et laisser monter sur une chaise, recouvert d'un joli torchon. Ne pas s'asseoir dessus de fatigue. Oublier que dès trois ans, on peut aussi avoir la bonne idée de s'installer confortablement sur ce nouveau coussin chaud et ergonomique pour jouer tranquillement aux cartes sur la table. Reformer donc comme on peut une boule étrange. Servir du pain de fesses. Succès garanti.

Neige

La neige tombe dans un silence souverain. Ce même silence dont on rêve en secret plusieurs fois par jour. Rien n'est plus sourd et sournois que la neige qui tombe. Avant même de nous envelopper d'une chape insonorisée, elle excite les enfants. « Ils font la neige », comme on dit alors chez nous. Heureusement que non d'ailleurs, ou l'on en aurait même en été pour le plaisir de la luge. Puis, à peine quelques blancs centimètres tombés, chacun s'émoustille à l'idée d'aller en profiter. Soit quatre lessives en vue pour deux heures de rigolade. Je ne connais rien d'aussi salissant en volume que la neige, toute blanche qu'elle est : combinaisons, anoraks, gants, bonnets… Chacun s'envole vers son plaisir avec sur le dos de quoi m'occuper quelques jours.

Un des enfants vient d'apprendre qu'il n'est pas bien malin de mordre sa moufle lorsque sa main y est rangée.

Et les Moon Boots, encore un truc ultra-encombrant pour quelques heures d'utilisation dans l'année… Ils devraient en faire des gonflables, comme les matelas pneumatiques, pour qu'on ne soit pas obligé de les garder aussi grosses toute l'année. Sincèrement, dans une famille de six, comptez six doudounes, six combinaisons, mais aussi six sacs de couchage, six couettes, douze Moon Boots et un lit parc et vous aurez l'idée de ce qu'il faut stocker habituellement en été.

La neige tombe encore, autant que les piétons sur le trottoir désormais.

Elle tombe avec la régularité d'une insolente qui vous regarde dans les yeux sans changer d'attitude.

J'aimais la neige quand elle voulait dire virée au ski, école séchée, bataille de boules de neige. Je m'en souviens, le temps de me réjouir avec les enfants, pour ne pas gâcher leur plaisir intense.

La neige tombe avec ce même silence oppressant que celui qui règne sur une maisonnée dans laquelle quatre enfants s'emploient à faire la bêtise du siècle. Sans bruit mais avec efficacité. C'est le silence absolu et qui fait craindre le pire…

Dehors !

« Sors de ma vie ! » La phrase jaillit de ma bouche, venue du fond de mes entrailles. Elle s'exprime incoercible, comme une dernière volonté, la dernière possibilité. Mon interlocutrice de 1 m s'est figée un instant, arrêtant son caquetage incessant, comprenant sans doute que l'heure est grave. Elle tourne les talons après un dernier regard évaluateur, mesurant qu'elle n'a plus aucune chance, et j'entends sa petite voix pointue reprendre la phrase fatale. « Sors de ma vie » devient une petite comptine, une ritournelle de la honte maternelle.

Comment ai-je pu ? Je baisse enfin mon index accusateur… Comment ai-je pu prononcer une chose pareille à un être innocent. Innocent ? Tu parles…. Mais je ne l'ai pas seulement dit, je l'ai ressenti par tous les pores de ma peau. Très humainement, j'ai fait une crise violente de rejet de mes quatre patchs à l'adrénaline, de mes quatre sangsues, de mes quatre boulets, de mes quatre suceurs de moelle. Mais, comme un noyau qui hurlerait sur ses électrons sans chercher à changer d'état, il en faut plus pour interrompre les rotations infernales, aléatoires et inéluctables d'une structure établie. Elles reprennent donc après un court silence, avec au cœur de l'atome une honte tapie, comme une sorcière enfermée qui ricane encore.

Gazouille

Elle est contente. Contente de son repas, pris tranquillement, sans frère et sœurs tournant en cercle au-dessus de son assiette. Contente du câlin qui a suivi et de la petite tétée dessert. Oui, un petit pot, c'est un pas vers l'indépendance, mais une tétée, c'est quand même autrement bon. Elle est contente et chaude, ronronnant et tout sourire. Je la couche, c'est ce qu'elle réclame de petits coups de tête et de clignements d'yeux. Elle me remercie et s'attrape les pieds pour se balancer doucement de droite et de gauche, pour se bercer encore un peu, ressassant les plaisirs de la matinée. Je m'éloigne et l'entends gazouiller. C'est mon petit rossignol. La musique merveilleuse du bébé heureux. Elle peut se taire pendant de longues périodes et soudainement, babiller de longs moments pour nous dire, pour se dire, pour personne ou pour son lapin. Mais si la cantonade est bruyante, elle se taira. Combat inutile que de tenter de prendre la parole parmi un tel tohu-bohu. En grandissant, elle perdra cette sagesse et tentera, de sa petite voix aiguë, un cri de ralliement pour obtenir un peu d'attention. Mais pour l'instant, elle ne sait que gazouiller de mille bruissements variés et inconnus, dans une langue universelle, commune aux anges et aux oiseaux. Et je l'écoute dans la maison silencieuse, remplir d'amour l'atmosphère puis s'endormir, dans un dernier battement d'ailes.

Mariage

Voilà, j'y suis à ce fameux mariage, mes petits chéris léchés comme des esquimaux. Au début, ils sont passionnés… La mariée est belle et les chapeaux sont autant d'animaux imaginaires caressant jalousement le crâne apprêté de maîtresses endimanchées. Le maire est rebondi et jovial. Gage de prospérité.

Comme on s'agite un peu dans mes jambes, je sors un livre pour occuper la plus agitée. « Meuhhhhh. » Le cri retentit de mes jupons et je réalise avec horreur et stupéfaction que ça y est, elle sait enfin faire le bruit de la vache page trois. On fait disparaître le cochon de la page quatre et tous ses congénères, sous l'œil encore amusé de l'entourage.

Ici aussi, il y a une quête, pour des orphelins. Gage de fertilité. Avec sa petite pièce (« mon "soup" maman, mon "soup" ! »), ma bruiteuse animalière préférée se trémousse de bonheur. Il n'en faut pas plus à la grand-mère voisine pour doubler la mise. Avouons que, pour les adultes, le spectacle de sa mine réjouie équivaut largement à la magie du petit ange de Noël dans la crèche, qui hoche son merci de la tête quand on lui donne une pièce (bien lourde, maman).

Problème : il faut donner le butin à un monsieur, ça fait partie du jeu. La demoiselle avait bien tenté d'en récupérer une poignée au passage, mais visiblement, ce ne sont pas des façons de faire. Alors, ses deux pièces perdues, la voilà qui profite d'une minute d'inattention pour se tourner vers la grand-mère de derrière cette fois et lui enjoindre dans mon dos de lui donner un autre sou… Persévérance, gage de richesse.

Et bébé se met à grogner sévèrement, gage de se faire repérer. Comme d'habitude, la cérémonie se finit dehors, avec les petits. Et qui a fait, le temps de la tétée donnée sur un coin de banc public, un bouquet de mariée dans les plates-bandes municipales ? Un gage !

Soirée

Qui dit mariage dit dîner festif. J'y retrouve avec plaisir une amie avec qui nous avons campé il y a dix ans. Nous sommes entourées d'une bande de jeunes parents dont les enfants ont dû drôlement bien se tenir cet après-midi car je ne me souviens, comme toujours, que du raffut des miens. Les discussions vont bon train. Inévitable tour de table des tribus : « Et vous, combien ? », comme si le défi s'arrêtait à ça. On y répond les uns après les autres, avec fierté. Voire inconscience. Aujourd'hui, chacun se vante : personne en vue pour démentir le charme de vos enfants qui sont partis se coucher et visiblement, personne n'a rien retenu des frasques de ceux des autres à la mairie. L'anticerne et le fond de teint sont du meilleur effet et je rentre sans souci dans une de mes robes de soirée de ma jeunesse insouciante. Vraiment, nous passons une soirée avec des parents exemplaires et nous en faisons partie. Une jeune maman avoue cependant deux petites jumelles. Avec mon amie, nous nous penchons l'une sur l'autre pour nous effrayer dans son dos, nous bénir que cela ne nous soit jamais arrivé, prier pour que jamais des triplés n'envisagent notre habitacle. Au début de ma quatrième grossesse, la malicieuse sage-femme qui me suivait a même tenté de me faire pâlir en m'invitant à vérifier par une écho d'urgence s'il n'y en avait pas deux. Non, vraiment, pas de passager clandestin, sans façon !

Il y a dix ans, sous la tente, c'était la grande époque des délires en forêt où l'on parlait jusqu'à point d'heure, à voix basse, de princes charmants. On se collait des trouilles monstres dans des grands jeux hallucinants avec prise de fortin à coups d'orties ou délires nocturnes sur des éventuels pyromanes ou voleurs-de-petit-linge-en-train-de-sécher. Que nos peurs changent !

Petite, il y a vingt ans (bon, trente, d'accord), je me voyais dans mes cauchemars en chaussettes dans la cour d'école.

Maintenant, je m'en ficherais bien, après tout. Quand on est en permanence déguisée en Mary Poppins… Mais je suis hantée à l'idée de me tromper de date pour le carnaval de l'école. Je ne sais pas si le pire serait d'arriver déguisé en avance ou sans costume le jour J… Angoissée d'oublier le jour de piscine ou celui de la sortie.

Non, entre nous, mon pire cauchemar est de me réveiller un jour, seule, réalisant que mes quatre enfants étaient le fruit de mon imagination. Alors si mon cauchemar est de ne pas les avoir, c'est sans doute que de les avoir, c'est un rêve, un vrai… Comme dit une de mes sœurs, notre vie de famille, c'est un torrent de joie dans une montagne de difficultés. Mais que la vue est belle ! Souhaitons aux jeunes mariés, encore dans une vaste plaine embrumée, d'oser la randonnée.

Canapé

Ils sont assis face à nous, engloutis dans un canapé design. Nous sommes nombreux ce soir à fêter sa promotion et les discussions s'emmêlent en un brouhaha sympathique, tintant des rires joyeux d'une assemblée sans souci. Nous sommes venus avec le bébé, allaitement oblige, et il est lové dans nos bras. Je les observe du coin de l'œil, jeune couple en pleine gloire professionnelle. Lui regarde le bébé avec une tendresse qui rampe jusqu'à nous. Elle, droite, sa coupe de champagne à la main, semble étrangère. Il la serre dans ses bras, les yeux rivés sur notre petit et chuchote, un sourire aux lèvres, à son oreille, la supplique du futur papa.

Fais-moi un p'tit un tout-petit rien
que pour moi
Fais-moi un p'tit j'veux tellement ça,
Fais-moi un p'tit j'm'en occup'rai
Compte sur moi
Et c'est même moi qui me lèv'rai
La nuit

Fais-moi un p'tit un tout-petit
même un peu moche
Ce s'ra le mien et le plus beau

Fais-moi un p'tit je t'en supplie,
c'est moi qui chamboulerai ma vie

Elle a répondu d'un coup d'œil.

Je n'y crois pas ! Mais surtout pas,
et plus un mot j'te l'interdis.
Je n'y crois pas, d'mande c'que tu veux
mais pas ça, pas ici,
Un tout-petit, moi j'en veux pas,
Et puis tais-toi, je n'te crois pas.
C'est bien moi qui paierai le prix
Un tout-petit, ça m'dit rien, on est bien ici.

Son étreinte s'est évanouie et ils se sont levés en chœur, regardant autour d'eux comme pour chercher chacun un point de rattachement possible dans ce bruissement étranger. Ils sont debout et s'avancent chacun de leur côté pour s'engloutir dans une discussion anodine et ne plus y penser.

Mais un jour tout peut changer… mystérieuse alchimie des besoins, des envies, liberté tout court ou liberté de changer d'avis, de profiter de la vie d'abord, puis de la Vie.

Noël

Il fait rouge, il fait or, c'est le moment magique qui nous fait un peu toucher le ciel par la pointe illuminée du sapin.

Mais pas le temps de rêver.

Arroser la dinde.

S'assurer des tenues parfaites de chacun. Velours et doré, amour et félicité.

L'avant-dernière, du haut de ses trois ans, vient de faire une grande découverte et nous la partage : le père Noël, c'est un monsieur qui peut enlever sa barbe.

Arroser la dinde.

Mettre les chants de Noël des petits chœurs de n'importe où.

Fouiller en vain le réfrigérateur, le congélateur et envoyer monsieur faire la dernière course.

Finir d'emballer les cadeaux que chaque enfant a préparés pour ses frère et sœurs, sourire des coups d'œil complices et des paquets cachés sous les lits.

Arroser la dinde.

Donner une tétée.

Jeter des papillotes et des mandarines sous le sapin.

Attraper la seconde qui goutte la bougie en gelée sur la table basse. « Mais tu sais, maman, c'est pas grave de s'empoisonner ! Après il y a un prince charmant qui vous embrasse et vous vous mariez avec lui et vous avez plein d'enfants ! » Si même Blanche Neige vient m'empêcher de les élever…

S'apercevoir trop tard qu'il manque une attention pour un convive. Trop tard pour envoyer monsieur s'en charger.

Arroser la dinde.

Sortir le livre de contes de Noël de mon enfance et m'entourer des enfants pour commencer. Prier pour leur transmettre cette magie que j'ai reçue, sans en comprendre l'origine exacte.

Arroser la dinde.

Elle m'agace cette dinde. Quand je pense aux enfants qu'il faut nourrir sans arrêt, aux fleurs à arroser et aux piles à recharger, elle pourrait cuire toute seule comme une grande, quand même. Ce serait mon cadeau de Noël.

Arroser cette fichue dinde.

Regarder passionnément mon bébé en repensant à cette femme qui a accouché à Bethléem et nous vaut la plus belle fête de famille de l'année.

Arroser la dinde.

Les anges chantaient dans le ciel, comme ils chantent sans doute à chaque naissance. Pour célébrer chaque nouveau-né offert au monde, avec son bouquet en bouton de talents. Chaque tout-petit qui peut lui aussi, un jour, par une parole, une idée solidaire, un morceau de musique, une découverte scientifique, bouleverser la terre à sa mesure.

La dinde est cuite et je suis prête. Il en faut du temps pour que cet animal récalcitrant devienne tendre, comme il m'en a fallu pour oublier l'organisation d'un jour sans faille. Maintenant, je peux m'y glisser. Il est, pour moi aussi, pour mon tout-petit et tous les autres nouveaux-nés de l'année, un jour béni. Puissions-nous accueillir chaque nouvel enfant avec émerveillement.

Instinct

Elle se décolle soudain de mon giron. Elle est campée face à mon sein, le regard fixe et très décidé. Elle *veut* téter, c'est tout ce qu'elle veut. Dans ces moments, j'ai l'impression de ne plus être sa mère tellement je ne l'intéresse plus. Et toutes mes caresses semblent aussi déplacées qu'un biberon qui danserait, charmeur, au lieu de faire son travail... Je suis son gibier. Et si je feins de ne pas la comprendre, elle se plaque contre moi à nouveau et sa volonté fait miraculeusement doubler son poids. Elle se met à peser très lourd dans mes bras et entame la danse du crabe à l'envers pour dégouliner et se mettre à portée de repas. C'est vraiment drôle comme les enfants savent s'échapper d'une encombrante étreinte ! Ils se liquéfient soudainement en masse tiède et rampante, ils s'échappent...

Je la regarde. Elle a grandi mais tète toujours, comme un louveteau. Elle tète partout où je vais, je ne me pose plus de questions. Je préfère ne pas imaginer la scène de toutes mes amies à table sortant négligemment un sein entre le fromage et le dessert... Ou plutôt si, mon bébé au sein, je lâche l'idée que toutes ces dames m'accompagnent, ce qui fait bien rire tout le monde. Quelle étrange impudeur que de trouver naturel une exhibition pourtant ostentatoire quoi qu'on en pense... J'ai beau prendre ça pour un biberon naturel, c'est quand même bien... un sein. J'essaye de m'en souvenir, imaginant l'incongruité d'un tel geste si je n'allaitais pas. Je ressors écharpes et étoles pour y voiler mon bébé et garder ce beau spectacle pour moi seule…

Les mères des petits loups se posent moins de questions de bienséance, mais elles savent que leurs petits devront chasser un jour. Elles les mènent dans des fossés herbeux et ensoleillés pour chasser la sauterelle. Face à cet innocent gibier, ils apprennent à se cacher, à être vifs comme l'éclair, ils se préparent à leur échelle à leur vie d'adulte. Je pense, admirative, au sens aigu de la pédagogie de cet animal. Il faut croire qu'en perdant nos poils, on a égaré parfois certaines choses…

Ma fille m'étonne : elle tète comme une aventure. Elle fait semblant que c'est son gibier, comme Mirabelle, la chatte des voisins, qui transforme une couenne de jambon en souris sauvage…

Elle joue, elle tire, elle grogne et se détache en un sourire pour se rebrancher d'un coup, sans crier gare. Elle chasse son lait et mes coups d'œil. Elle s'amuse et se comble. Elle garde le sein au coin de la bouche comme un cigare le temps de me demander de ses yeux doux si elle peut continuer, ou si moi aussi j'aime ça, ou je ne sais quoi d'autre. Un nouveau sourire et elle en remplit à nouveau sa bouche entière pour une dernière rasade à la santé du bonheur.

Quotidien

Les journées se suivent et les tâches se ressemblent (l'ordi propose « besogne » en synonyme de tâches. Je pense qu'il peut aller jusqu'à « corvées »...). Je commence au fil des années à prendre de l'expérience : je referme toujours le couvercle des toilettes avant de fourrager dans les étagères qui le surplombent, je ne referme pas la poubelle si je n'y ai pas remis un nouveau sac, et même, j'évite de donner aux enfants des punitions dont je serais la première victime.

Les sources de contrariétés ridicules restent toujours aussi nombreuses, des jeux auxquels il manque juste une pièce à ceux dont on extrait les morceaux du sac de l'aspirateur. Sans parler des poussières à huit pattes... Oui, ces contrariétés sont bien ridicules, mais elles peuvent parfois prendre le dessus...

Bref, réjouissons-nous des petits plaisirs inattendus.

Il y a les plaisirs mitigés, comme celui de mon mari rentrant plus tôt que prévu, mais à la minute où les enfants sont enfin couchés et endormis après une lutte homérique de quatre heures, bains-dîner-devoirs-vaisselle compris. Le plaisir d'une nouvelle centrale vapeur efficace qui n'aurait quand même pas dû être un cadeau de fête des mères.

Et puis, il y a les vrais petits plaisirs de la vie quotidienne, comme celui procuré par le produit vaisselle qui vous fait une envolée de bulles irisées à l'heure où vous l'empoignez pour vous attaquer à la pile immortelle d'assiettes sales… Comme le bruit des voiliers amarrés que font les cintres sur les fils à linge… Comme de s'intéresser à une bête pile de sacs en plastique à ranger : qui a donc bien pu acheter un jeu au Jouetstore d'Arcachon dans ce grand sac blanc ? Qui m'a filé ce joli sac des broderies de Marjolaine de Paris ? Comment un sac de cette enseigne a pu se retrouver chez moi ? Matériel médical, matériel médical… qu'y a-t-il bien eu dans ce sac ? Voilà comment un rangement devient une aventure en devinettes et permet d'exercer les méninges d'une ménagère pour qu'elles ne rouillent pas dans l'eau de son seau…

Goutte de temps

J'aime les temps volés, les temps surprises.

Ceux que l'on n'avait pas prévus et qui ont le goût suprême de la figue fraîche improbable trouvée en plein soleil le long d'un chemin sinueux de balade.

Ce sandwich partagé dehors, avec 10 °C, mi-janvier, sur un banc parisien au pied de Saint-Sulpice, entre un train et une réunion.

Ce moment perdu dans une salle d'attente qui porte bien son nom, avec la petite dernière que l'on regarde enfin sans retenue puisqu'il n'y a rien d'autre à faire.

Ce week-end imprévu qui n'aura pas nécessité listes et prises d'élan : on attrape ce que l'on peut et on file sans vergogne.

Ce café pris avec une amie qui sortait de chez elle alors que vous passiez dans le coin.

Cette discussion anodine sur un coin de trottoir qui dans un tournant part en spirale centrifuge pour devenir un profond partage.

Ce moment au retour des courses passé dans la voiture à l'arrêt, à écouter la fin de l'émission radio commencée pendant le parcours.

Ce vernis à ongles que l'on a enfin le temps de se mettre soigneusement, avec la certitude qu'il aura le temps de sécher avant la tornade suivante.

Cette vieille revue attrapée au garage et lue adossée au sèche-linge tiède.

Ces moments avec quelqu'un ou avec personne où le temps s'arrête, où les bruits s'assourdissent et lors desquels on a l'impression, somme toute, d'avoir une vie agréablement banale.

Ces moments si rares et si précieux qu'on les provoque parfois. En faisant semblant de ne pas les voir venir.

Grosse fatigue

En général, la journée commence par une mauvaise nuit… Je m'en réveille crâne vide, cervelle en flan démoulé qui gigote, luisant, à chacun de mes pas. Yeux plissés, l'avenir est brumeux… Même l'avenir proche… Attraper sa brosse à dents, mettre du dentifrice. Tchtchtch… Miam miam ? Beurk…

Rinçage express devant ce goût inattendu, et la vue se focalise sur le tube de dentifrice-crème après-soleil qui vous vaut au moins d'être mieux réveillée… Mais de fort mauvaise humeur. Déjà qu'un enfant qui fait ses dents, c'est pas marrant, mais la multiplication des dommages collatéraux commence à bien faire. Enfin, « qui fait ses dents », rien n'est moins sûr, mais les dents ont bon dos, c'est bien connu. Et avec la démarche assurée d'un australopithèque saoulé au sang de mammouth, vous ouvrez votre caverne-frigo de la main droite pendant que vous enclenchez la bouilloire de la main gauche. Le frigo est vide et il n'y avait pas d'eau dans la bouilloire, mais c'est pas grave. Le plus éprouvant, c'est de ne même plus savoir quel jour on est. Le mois et l'année, passe encore, mais est-on un mardi ? Un jeudi ? Quel chiffre ? Impression lugubre de s'être engouffrée dans une spirale hors du temps et de la société. D'être dans un monde parallèle et d'y avoir une présence très relative…

Aujourd'hui, je ne sortirai pas la voiture du garage sous peine de fusiller un rétroviseur. Aujourd'hui, je n'irai pas chercher les formulaires pour la carte famille nombreuse : je serai encore une fois ridicule, soumise au sarcasme silencieux d'un préposé goguenard qui me scrutera alors que, d'une écriture hésitante, je remplirai pleine de doute les dates de naissance de mes enfants… Aujourd'hui, je pile la première personne qui me dit « ma pauvre, tu as une petite mine ». Aujourd'hui, si mon ventre gargouille, je me demanderai un quart de seconde si j'ai avalé mon portable en mode silencieux. Aujourd'hui, je n'irai pas jouer au loto. Aujourd'hui, je n'irai pas faire mes courses ou alors je reviendrai avec une tonne de mouchoirs en papier, trois pots de café et sans les yaourts. Tant pis pour le scorbut, on ouvrira des conserves.

Mais aujourd'hui, pour la première fois, bébé se réveillera en gazouillant « maman », gentiment du fond de son lit. Et aujourd'hui sera un autre jour.

De profundis

J'ai cherché Dieu dans mon quotidien. J'ai crié vers lui au fond de ma machine à laver et seul l'écho de ma voix a retenti du fond du tambour. Je l'ai interpellé devant ma pile de linge sale et elle s'est multipliée. Je lui ai demandé pourquoi il s'était absenté quand un de mes enfants a eu un accident. Peut-être répondait-il au téléphone, lui aussi ? J'ai demandé sa grâce devant les nuits courtes et un autre enfant est tombé malade. Je ne l'ai pas vu au milieu d'un bouchon à 16h32 ni dans mon sac à main, me tendre à la caisse la carte bleue oubliée dans la voiture, pour régler mon caddie rempli.

Mais qu'il est là quand mes enfants me disent « maman je t'aime », me roulent de câlins. Qu'il est là dans la providence des rencontres de ma vie, qu'il est là au lever du soleil, quand la nuit se terminait enfin, qu'il est là dans chaque sourire, chaque parole réconfortante, qu'il est là chez mon conjoint ! Qu'il est là dans toutes ces belles choses qui donnent une force inouïe pour traverser les mauvais moments, tel un élan qui fait oublier les pannes d'essence. Et le Bon Dieu a bien raison de ne pas se révéler à travers ma poussière ou mes ennuis : je préfère en garder un bon souvenir.

Sevrage

Quel mot sévère et terrible. Sevrage. Mot féroce. Couic, on coupe les robinets. Finit de s'enivrer, on t'envoie en cure…

Même le pédiatre, un sourire en coin, me dit qu'il serait temps de « passer à autre chose ». Oui, je sais, mon giron ne peut à lui tout seul combler sa vie devant son appétit féroce de découvrir le monde. Je lui rends son regard en coin par un œil narquois. On sait chacun ce qu'en pense l'autre. Mais me dire que je lui apporte tout, qu'elle se ravit de moi, quel plaisir narcissique ! Se dire que je peux la calmer si facilement quand elle hurle au milieu de la nuit ou qu'elle a faim n'importe où et n'importe quand, quel confort… Cela dit, elle passe clairement de la tétée alimentation à la tétée affection. Tirant sur mon sein pour ne pas en rater une de ce qui se passe alentour. Se débranchant pour rire un coup à ce qui s'y blague. D'accord, il est temps de ne plus te cacher le paysage !

Quel mot déplaisant quand même…

Le rayon lait me laisse perplexe : « lait pour nourrisson en poudre ». À quoi peut bien ressembler un nourrisson en poudre dans l'industrie agroalimentaire ? À une erreur de syntaxe ? Non, décidément, ce lait est un grand mensonge et le mien suffira bien.

Te voilà découvrant compotes acides, yaourts parfumés ou légumes fades avec étonnement. La glace remporte tous tes suffrages, mais pas ceux des professionnels… Et peu à peu, je me sens respirer à nouveau en dehors de toi, imaginer pouvoir partir sans toi et sans horaire. Et toi ? Que penses-tu de tout cela ? Ton bavoir blanc qui souffrirait moins en orange te fait paraître plus grande.

Nouvelle visite. Le pédiatre insiste. Il faudrait penser à la viande. En fait depuis une semaine, je n'ai pas eu le temps de lui donner autre chose que mon lait, mais ce n'est pas le moment de l'avouer. Il y a des crimes sans conséquence. Passer à la viande ? J'ai donc une petite carnivore à élever ? Ses premières dents confirment sans doute la chose. Elle a percé la première le 1er janvier, pensant sans doute et à raison que c'était le seul moyen qu'on s'en souvienne. Elle s'organise pour trouver sa place, sereinement et astucieusement. Et la pile de petits pots sur l'étagère est son embryon d'indépendance, son germe d'autonomie, la petite preuve que j'accepte enfin qu'elle grandisse. Mais juste un peu. Pas trop vite…

Pédiatre

Béni soit mon pédiatre.

Bénie soit cette personne, cette (presque) unique personne qui partage, voire prend en charge ce souci débordant de la santé des enfants. Comment savoir ce qui est grave ? Ce qui ne l'est pas ? Ce qui ne l'est pas encore ou ne le sera jamais ? Je reste parfois perplexe devant un bouton sur la peau qui ne répond pas à mes questions : « Tu as des frères et sœurs qui arrivent ? Vous préparez une fête de famille ce week-end ? Ta petite famille compte festoyer ensuite sur mes autres enfants ? » Lesquels enfants savent pour le coup très bien répondre de sa part aux interrogations complémentaires : « Est-ce qu'il gratte ? Est-ce qu'il donne de la fièvre ? » Haaaa, la fièvre, la rouée de fièvre, qui arrive quand on ne l'attend pas, quand on a perdu le thermomètre, quand il n'a plus de piles, quand on est vendredi à 19 heures de préférence. Qui arrive quand on a eu trop chaud, trop froid, envie d'un gros câlin ou rien du tout.

Le bouton de tout à l'heure est parti dans le bain. Pas très sérieux pour un bouton. La prochaine fois, il essayera d'être en virus ou en bactéries plutôt qu'en feutre lavable. Ça m'évitera les craintes inutiles, de la contagion au sabotage du week-end.

J'ai quand même bien fait de ne pas me précipiter chez le pédiatre, il m'aurait prescrit du savon pour l'enfant et des anxiolytiques pour la mère (comme d'habitude). Et j'aurais profité d'une attente animée dans son cabinet pour rapporter à la maison la récolte du jour de streptocoques nouveaux, de staphylos et de virus variés.

De quoi prendre rendez-vous pour de bon trois jours après. On soupçonne toujours dans l'inconscient collectif les dentistes de vous inventer des caries ou de creuser des petits trous pour vous obliger à revenir. Les pédiatres fonctionnent ouvertement : leurs salles d'attente sont une promesse d'y retourner bientôt puisque ce sont des réservoirs à microbes. Ils y pullulent dans la bonne humeur, entre les jeux destinés à faire attendre les chérubins enfiévrés et les revues parentales aux conseils éducatifs pléthoriques. Heureusement qu'il n'y a que la collection de l'année, ou l'on pourrait y suivre l'évolution animée d'une pédopsychiatrie fluctuante qui passe de l'interdiction à la permission, de la punition à la félicitation, sans jamais oublier, avouons-le, la fameuse confiance en soi. La mystérieuse confiance en soi. Ces années d'errance seraient finalement une lecture rassurante : si en cent ans d'études poussées par des spécialistes post-doltoïens, pro-montessoriens et autres, on n'arrive toujours pas à *une* référence universelle, c'est bien normal que nous, simples parents, n'ayant jamais suivi l'ombre d'une étude pour ce métier impossible, soyons un peu perdus.

Et puis autant ne pas multiplier les sources de conseil. C'est si difficile de choisir par exemple en matière de santé. Quelle médecine choisir ? Celle qui soigne, pardi ! Vaccin ou pas ? Risque mortel ou de maladie chronique, diront les plus pessimistes… On peut y passer des heures en lectures et ne pas être plus avancé. Le pédiatre aura aujourd'hui un avis pratique et adapté. Comme de remettre une gigoteuse oubliée au petit dernier qui passe par-dessus bord de son lit ou de me conseiller de prendre du temps pour moi, en allant chez le coiffeur par exemple. Quoi, elle ne lui plaît pas, ma coiffure ? Mais c'est vrai qu'il n'a pas le droit de me prescrire d'antidépresseurs puisque j'ai plus de 18 ans. Alors il fait ce qu'il peut, comme d'habitude, même s'il n'y a pas grand-chose à faire devant un enfant malade ou très petit, qui sabote soigneusement mon sommeil, évaporant sérénité ou bon sens au passage. Il fait ce qu'il peut et ça me suffit à ne pas me sentir seule et impuissante.

Lexique médical d'une jeune maman

(celui que n'a pas votre pédiatre)

Goulupendu

Maladie transitoire dont les symptômes sont caractérisés par l'apparition d'un bébé dodu et affamé tétant obstinément et sur une période anormalement longue le sein de sa mère. Le genre du mot est déterminé par le sexe du pompeur. « J'ai la goulupendue. » Par extension, ce terme peut s'appliquer directement au saprophyte en question : « Quel goulupendu, entre 17 et 19 heures, il n'arrête pas. » Pour information, cette maladie disparaît d'elle-même en quelques heures, en quelques jours, quelques mois ou quelques années, suivant les convictions maternelles. Pour la majorité des allaitements maternels, les épisodes de cette maladie sont rares, et qualifiés alors de phases goulupendesques. Les autres cas attireront l'attention de l'entourage et seront considérés au pire comme louches ou abusifs. (De quoi ils se mêlent…)

Culifacture de rubans d'or

Selles toutes particulières d'un bébé totalement allaité. Elles sont artistiques, dorées, et finalement loin d'être si nauséabondes, attendez la suite pour vous en convaincre. C'est un fort joli nom donné par mon grand-père, ce qui prouve qu'il s'est penché au moins une fois dessus pour les baptiser, mais pas qu'il ait changé une couche, ce n'était pas encore à la mode.

Crises d'acrobêtise

Crises récurrentes chez l'enfant consistant à devenir capable d'exploits jusqu'alors insoupçonnés et conduisant généralement à des conséquences « malheureuses ».

Soin de ces crises : pommades ou urgences, c'est selon. La récidive est rare sous la même forme puisque, en général, on prend dans la foulée les mesures préventives adaptées. Mais comme ces crises sont polymorphes voire kaléidoscopiques, rester vigilant.

Définitions et traductions

Puisqu'un embryon de lexique vient d'être tenté, j'offre un petit tour au pays des définitions.

Calculotte

Vous connaissez la calculette, voici une cousine éloignée, chargée de résoudre chaque soir, devant le bac à linge propre, l'équation :

Variables aléatoires :
Quantité de culottes du 3 ans > = 2
Quantité de culottes du 5 ans > = 1
Nombre de slips du 7 ans > = 1

Variables fixes, invariables et incompressibles :
[Lessive + sèche-linge] = 4 heures
Et que, de préférence, Nuit > = 7 heures

Sachant que cette équation est soumise à des aléas (rupture lessive, ou panne machine, ou plus d'un accident pipi à 3 ans), quelle valorisation d'acquis mérite la ménagère si elle réussit son calcul 365 jours sur 365 ?

Accaparite

Maladie abattante causée en général par un petit humain extrêmement sollicitant et particulièrement actif au niveau du langage ou du déménagement. Âgé en général de deux à trois ans, il peut vous rendre d'une inefficacité totale, voire vous faire régresser. S'améliore avec l'entrée à l'école. Attention aux rechutes en période de vacances.

« C'est les vacances »

Synonyme à craindre de « c'est pas du tout les vacances ».

« Eh bien ! Sors de table, mais tu finiras au goûter »

Synonyme de : j'abandonne momentanément. Enfin j'abandonne en me faisant l'illusion d'avoir encore un peu d'autorité. Mais j'y repenserai dans 3 jours quand je recroiserai ton fond d'assiette moisi au fond du frigidaire.

Apéritif

Synonyme de : petit n'importe quoi destiné à faire oublier à tous que le repas n'est pas prêt, loin de là, vous n'avez même pas encore la moindre idée de ce que vous allez faire.

« Va voir au congél'»

Déclaration associée au dernier espoir illusoire qu'il reste encore quelque chose à manger dans cette baraque. Destinée en général au conjoint, cette phrase signifie que vous préférez ne pas subir en direct la déception qui devrait suivre.

« Allez, on va chez McDo'»

Clôture parfois les expressions précédentes.

Note à la ménagère : à déclarer d'un air enthousiaste ; ce n'est pas un échec personnel mais une bonne surprise que vous offrez à tout le monde.

Note au conjoint : peut être clamée par lui en vengeance expiatoire d'un refus de cuisiner de la ménagère. Permet doublement de vous assurer un bonus affectif monumental chez les enfants et de faire fulminer l'infâme harpie qui refuse d'accomplir son devoir élémentaire.

« Ça commence à bien faire »

Exutoire poli traduisant quelques heures d'une patience infinie désormais révolue. Associé à un retroussage de manche, il prévient parfois aussi d'un déluge de fessées approchant.

« Y a quelqu'un qui pourrait... »

Timidement tentée, cette phrase sera suivie d'un silence de mort dans toute la maison.

Synonymes potentiellement plus efficaces : « Ici tout de suite », « Tu fais ça sinon… », « Le premier qui… aura une surprise ».

Aucun synonyme efficace connu passé 10 ans.

Envol

Elle n'a pas un an et seule une tétée-câlin la colle à mon giron. À quatre pattes, elle joue à s'éloigner de moi, rit et reprend son exploration. Elle s'amuse à quitter la pièce, joue à disparaître. Mais préfère encore mes bras à ceux des autres, petite victoire symbolique…

Voilà, je les aime et déjà, je pense qu'un jour, ils seront loin. Chacun, du tout petit déjà grandi au raisonnable de sept ans, m'y éduque déjà : ils ont leurs domaines, leurs intentions, leurs envies de faire et surtout leur fierté absolue de réussir seuls.

Bien entendu, ils ont encore du temps devant eux pour être autonome. « Rendre autonome », « éduquer un tout-petit à l'autonomie ». Serions-nous comme les lémuriens dont les bébés doivent dès la naissance savoir s'accrocher aux poils de leur maman sous peine de tomber et de mourir ? Les nôtres ont bien le temps d'être câlinés, quand même. Ils ne risquent pas de survivre seuls en milieu hostile avant quelques décennies, et comme c'est pour moi la définition d'autonomie… je rigole sec quand il en est question à la crèche.

Ils sont encore tous là, petits, bruyants, barbouillés, quémandant autour de moi, et parfois en effet, je n'en peux plus d'être sollicitée comme un bureau des réclamations, un centre d'aide alimentaire, un tribunal de proximité. Mais ces mauvais moments sont anecdotiques. Même si parfois ils remplissent la semaine, ils restent de la poussière sur laquelle les sourires des enfants soufflent, soufflent avec virtuosité. Et une minute de bonheur comme seuls ils savent offrir fait vite oublier le poids de certains jours.

Vraiment, ce bonheur immense de vivre avec eux, ce bonheur de les chérir, voilà ce qu'il restera quand ils auront tous quitté le nid.

En attendant, dans ce brouhaha d'intendance et d'obligations, l'horizon parfois bouché par les piles de linge, j'essaye de garder le cap. Qu'indique ma boussole si je lève un peu les yeux ?

Leur être présente.

Leur être présente à eux, pas aux tâches ménagères pourtant envahissantes.

Leur être présente coûte que coûte.

Ne jamais leur remonter une fermeture éclair sans un bisou dans le cou, ne pas faire la vaisselle sans penser à eux et faire quelques bulles, pour le plaisir, pour garder un instant leur âge.

Les écouter, même en conduisant, même en retard, même soucieuse, même en réparant une bêtise.

Leur préparer de bons petits plats, et le faire avec eux pour le plaisir de l'aventure, pour entendre des épluchures s'adresser la parole, pour leur apprendre la joie que l'on a à donner.

Et se dire dans le quotidien que si on n'est pas au bout de nos peines, on n'est surtout pas au bout de nos joies.

L'aiguille de ma boussole frémit un peu sous le vent de ces évocations. Je le sais, elle ne se contente pas d'indiquer le Nord. Elle montre, si on lève les yeux vers l'horizon, la direction à suivre.

Et, tout doucement, une musique grandit en moi.

J'ai donné mes entrailles
De bien longues années
Le chagrin en tenaille,
Le bonheur à portée

J'ai donné mes entrailles
Et vidé mes pensées
Pour ma folle marmaille
Mes enfants, mes beautés

J'ai donné mes entrailles
Mon temps, ma santé
Aux charmants en chamailles,
Mes amours enfantés

Je serai un jour seule,
Loin de leur affection,
À guetter un écho
De leurs satisfactions

Que mes mains s'ouvrent alors
En chemin d'abandon.
Et que mon cœur trace en eux
Déjà ce sillon.

ILS ME MANQUENT...
QUI ÇA ?

La vie de famille requiert une force,
une persévérance, un oubli de soi
dont le fruit est le bonheur de ses membres.

Anonyme

Table

Achevé d'imprimer par Présence Graphique,
en juillet 2019
N° d'imprimeur : 071963795

Dépôt légal : septembre 2019

Imprimé en France